# 생태주의

개념사 24

이상헌 지음

책세상

차례

## 1장 | 왜 생태주의인가
1. 지구적 환경 문제 —— 10
2. 환경 문제의 정치화 —— 13
3. 현대성과 생태주의 —— 19
4. 생태주의 갈피 잡기 —— 23

## 2장 | 생태주의의 이론적 쟁점들
1. 생태주의와 이웃 개념들 —— 28
   생태학과 생태주의 · 28
   생태주의와 환경주의 · 31
2. 생태주의의 이론적 쟁점들 —— 34
   자연의 한계 · 34
   시간과 공간에 대한 재해석 · 36
   자연에서의 인간의 지위 · 39
   역사 발전의 주체 · 43
   민족 국가는 생태적일 수 있는가 · 45
3. 생태주의의 등장 배경 —— 51
   중세의 우주론 · 51
   자본주의와 과학 혁명, 그리고 자연의 지배 · 55
   생태주의의 검토 방식 · 58

● — 깊이 읽기 | 육식에 대하여 · 60

# 3장 | 낭만적 생태주의

## 1. 근본 생태주의 —— **64**
확장된 자아의 자기실현 · 64

단순하고 풍요로운 삶, 그리고 계획된 사회 · 66

극단적인 인간 혐오 · 68

## 2. 생태 파시즘 —— **70**
구명선 윤리와 공유지의 비극 · 70

## 3. 생태 공동체주의 —— **74**
만물은 서로를 돕는다 · 74

생태적 영성과 생태 신학 · 77

생물 지역주의 운동 · 81

## 4. 성찰적 현대화론 —— **85**
위험 사회의 존재론적 불안 · 85

성찰적 현대화와 과학 기술 비판 · 88

## 5. 문화적 생태 여성주의 —— **90**
생태 여성주의의 유래와 갈래 · 90

여성과 자연의 연관성 · 93

직접 행동 · 96

● — 깊이 읽기 | 생태 파시즘의 이상, 에코토피아 · 99

## 4장 | 합리주의적 생태주의

**1. 시장 생태주의 ——— 102**

  지속 가능한 발전론 · 102

  생태적 현대화론 · 103

  보수적인 성향 · 105

  저탄소 녹색 성장론 · 106

**2. 사회 생태주의 ——— 108**

  어떤 지배도 없는 자유로운 공동체 · 108

  직접 민주주의와 도덕 경제 · 110

**3. 정치 생태주의 ——— 114**

  성장 제일주의와 낭비적 소비에 의한 생태 위기 · 114

  노동의 해방과 사회적 수당 · 117

  생태적 발전론과 자유 시간의 증대 · 120

**4. 생태 사회주의 ——— 123**

  생태주의와 마르크스주의 · 123

  자본 축적, 노동 과정, 그리고 생태 위기 · 124

  자연과 사회의 물질대사와 지속 가능한 인간 개발 · 128

  '자본주의적 시간/공간' 조직 방식과 생태 위기 · 131

  연대의 경제와 지속 가능성 · 134

**5. 사회적 생태 여성주의 ——— 138**

  자연과 여성을 억압하는 위계적 구조 비판 · 138

자연과 여성이 해방된 사회 · 140

● ― 깊이 읽기 | 칩코 운동 · 142

## 5장 | 생태주의 비판, 그리고 몇 가지 질문들
### 1. 복잡한 세계와 위험의 증가, 그리고 생태주의 ──── 146
기후 변화의 위협 · 146

사전 예방의 원칙 · 149

### 2. 생태적 사회로의 전환 ──── 152
통찰의 진화와 생태적 사회 · 152

초국가적 어소시에이셔니스트 운동 · 157

● ― 깊이 읽기 | 문명의 붕괴 · 162

맺는말―생태 사회로의 이행을 위한 통찰력과 상상력 · 165

도움받은 자료들 · 168

개념의 연표―생태주의 · 170

1장

## 왜 생태주의인가

# 1

## 지구적 환경 문제

 2005년 8월 미국 뉴올리언스 시를 강타한 허리케인 카트리나는 도시의 80퍼센트를 침수시키고 80만 명의 이재민을 낳는 등 막대한 피해를 입혔다. 최근 카트리나와 같은 열대성 저기압이 점점 더 자주 나타나고 있으며 그 강도와 피해 규모도 급증하고 있다. 프랑스는 2005년 평균 기온이 36∼39도까지 오르는 여름의 혹서로 인해 노약자들이 다수 사망했으며, 같은 해 포르투갈은 사상 최악의 가뭄으로 국토의 97퍼센트가 물 부족에 시달렸다. 이탈리아에서는 눈 부족으로 스키 대회가 취소되기도 했다. 세계야생생물기금(WWF)의 보고서 〈위기에 처한 세계의 주요 강〉(2007)에 따르면 세계의 대규모 강 177개 가운데 발원지에서 바다까지 자연 그대로 흐르는 강은 21개에 불과하다. 나머지 강은 물 부족 등으로 이동성 어류의 서식지가 파괴돼 1만여 종의 담수 어종 가운데 20퍼센트가 멸종될 위기에 처해 있거나 멸종되었다.
 기후 변화로 인한 극심한 기상 이변도 심각한 수준이다. 1990

노심용융
원자로 용해라고도 한다. 원자로의 냉각 장치가 정지하여 우라늄을 용해하고 열이 비정상적으로 올라가 원자로 용기를 녹이는 일. 최악의 경우 용기 바닥이 녹음으로 인해서 위험하고 유독한 방사성 물질이 지하수로 흘러 들어가 피해가 걷잡을 수 없이 확산될 가능성도 있다.

년대의 호우, 태풍, 폭염, 지진, 해일 등의 발생 건수는 1950년대에 비해 4.6배 증가했고, 경제 피해액은 15.7배 증가했다. 급기야 2011년 3월 11일 일본 동북부 지역에서는 강도 9.0의 지진과 지진해일(쓰나미)이 발생해 어마어마한 인명 및 재산 피해를 입었다. 특히 해일로 인해 후쿠시마 핵 발전소에서는 전력이 제대로 공급되지 않아 원자로가 가열되어 노심용융爐心鎔融이 일어나고, 원자로의 격납고가 파괴되는 불상사가 벌어졌다. 지진해일이 발생한 지 5개월이 지난 2011년 8월 현재에도 후쿠시마 핵 발전소로부터 방사능 요오드, 세슘과 같은 방사능 물질이 대기와 바다로 흘러 들어가고 있고, 바닷물에서 치명적인 위험 물질인 플루토늄까지 검출되어 이웃에 위치한 한국은 물론이고, 전 세계가 불안에 떨고 있다.

2005년 미국 남동부를 강타한 직경 700킬로미터의 허리케인 카트리나

 뿐만 아니라 기상 이변의 피해가 하필이면 가난한 나라에 집중되어 민초들의 어려움을 가중시키는 안타까운 현실이 계속 보고되고 있다. 예를 들어 기존의 사회적 불평등이 물 부족으로 인해 더 심각해지고 있다. 사람은 성인 기준으로 하루 최소 50리터의 물이 필요한데, 물 부족을 겪고 있는 아프리카 일부 지역의 주민들은 하루 10리터 미만의 물로 연명하는 반면, 선진국 국민

들은 300리터에서 600리터의 물을 소비한다. 용수 부족은 위생 불량을 초래하여 질병에 쉽게 걸리게 하며, 농업용수 부족으로 식량 생산량도 줄어들어 기아 문제까지 초래된다. 2007년도 일간지 기사에 따르면 인도의 경우 후천성면역결핍증후군(AIDS)으로 인한 아동 사망률이 0.7퍼센트인 반면 설사로 인한 사망률은 20퍼센트에 이른다고 한다.

    전 지구적으로 이렇게 환경 위기가 심각한데 우리나라만 예외일 리는 없다. 압축적이고 폭력적인 방식으로 대규모 토목 산업과 건설 산업, 그리고 에너지 자원 낭비 및 오염률이 높은 중화학 공업을 중심으로 공업화를 추진했던 한국의 현대화 과정에서 환경 문제의 등장은 당연한 결과였다. 얼핏 돌아봐도, 다목적 댐 공사로 인한 수몰민 이주, 온산 산업 단지의 공해병, 두산의 낙동강 페놀 무단 방류, 간척으로 인한 시화호 오염, 씨프린스호와 허베이 스피리트호 유류 누출 사고에 의한 해양 오염과 생태계 파괴, 방사성 폐기물 처분장 입지 문제를 둘러싼 안면도·굴업도·부안에서의 사회적 갈등, 새만금 간척 사업과 대규모 해양 생태계 교란, 미국산 광우병 쇠고기 수입 문제로 불거진 촛불집회, 구제역 파동으로 인한 300만 마리 이상의 가축 생매장 등 대한민국의 현대화 과정은 지구적 환경 문제를 구성하는 중요한 축이었다고 할 수 있다.

# 2

# 환경 문제의 정치화

인류는 오랫동안 일종의 실존적인 문제로서 자연을 고찰하고 이해해왔다. 인류에게 자연은 위협적인 존재로서, 숭배 혹은 경외의 대상이었다. 문명이란 자연에 적응하거나 대응해온 과정이라고 볼 수 있다. 인간 사회는 물질적으로 또한 상징적으로 자연에 의존할 수밖에 없었으며, 자연과의 관계 속에서 문화(정치, 경제, 사회관계를 포괄하는 넓은 의미의 문화)가 형성되었기 때문이다. 따라서 자연은 인간 사회를 가능케 하는 원천이자 동시에 인간 사회를 지속적으로 위협하는 존재로서 이해됐다. 이를 칼 폴라니Karl Polanyi의 말로 표현하자면 문화가 자연에 배태embedded되어 있다고 할 수 있다. 그런데, 자연에 배태되어 있던 문화가 (특히 현대화 이후) 자연에서 벗어나서disembedded, 좀 더 정확하게는 자연적 한계 혹은 수용 능력carrying capacity을 무시하거나, 무시할 수 있다고 생각하고 독자적인 발전을 추구하는 과정에서 이른바 사회 문제로서 환경 문제가 나타나게 된 것이다.

다른 말로 하자면, 환경 문제가 자연 생태계에서 벌어지는 사회 외부의 문제가 아니라 심각한 정치 사회적 문제로 등장하게 된 것이다. 이를 환경의 정치화politicization라고 표현할 수 있다. 환경 문제는 환경 공학자들이나 생태학자들이 다루는 이슈로 국한되는 것이 아니라 다양한 사회적 갈등을 야기하고, 정치적 논쟁의 쟁점으로 자리매김하게 된 것이다. 이를 보여주는 대표적인 사례를 보자.

1984년 12월 3일 인도 보팔 시에 위치한 다국적 기업 유니온 카바이드 사 농약 공장에서 흘러나온 유독 가스에 의해 무려 2만 5천 명이 사망한 사건은 최악의 산업 재해 사건으로 기록되어 있다. 사고 후 오랜 기간 동안 법정 공방이 벌어졌으나 합의된 보상금은 적절한 치료를 감당하기에도 부족한 액수였으며(1인당 550달러), 사망자 유족에 대해서도 매우 미미한 수준(1인당 1,300달러)의 보상만이 이루어졌다. 또한 책임자 처벌도 미흡했고, 유니온 카바이드 사가 남아 있는 유독성 물질을 제대로 제거하지 않아 보팔 시는 황폐한 채로 버려져 있다. 이 사건은 여전히 현재 진행형이다.

또 다른 사례로 볼리비아의 에너지·자원 민영화에 대한 대중적 저항과 이로 인한 정권의 교체가 있다. 볼리비아는 남미 대륙에서 두 번째로 규모가 큰 석유와 천연가스 부국임에도 불구하고, 1인당 GDP가 900달러, 빈곤층이 전체의 60퍼센트가 되

환경 문제는 환경 공학자들이나 생태학자들이 다루는 이슈로 국한되는 것이 아니라 다양한 사회적 갈등을 야기하고, 정치적 논쟁의 쟁점으로 자리매김하게 되었다.

는 가난한 나라이다. 문제는 외환 위기를 겪었던 1990년대 초부터 IMF의 권고에 의해 천연가스와 수자원의 관리를 민영화하면서 이러한 상황이 더 악화되었다는 것이다. 천연가스를 개발하기 위해 굴지의 국제 석유 자본들이 들어왔고, 물의 경우 벡텔 사가 관리를 맡게 되었다. 반사막 지대의 분지에 위치한 코차밤바 시도 수도가 민영화되면서 물값이 치솟고, 벡텔 사가 빗물을 받아서 사용하는 것까지 금지시킴으로써 결국 생활비의 절반을 물값으로 내야 하는 상황이 발생하게 되었다. 시민들은 이에 저항하는 대규모 시위를 벌였고, 진압

끝나지 않는 전쟁 중인 보팔 시 사람들

과정에서 발포하는 유혈참극이 벌어지게 되었다. 결국 대중들의 분노가 폭발하여 벡텔 사는 볼리비아에서 철수하고, 대통령도 물러나게 되었다.

인도 보팔 시나 볼리비아 코차밤바 시에서 목격할 수 있는 사건들은 환경 문제가 결코 단순히 공학적 문제이거나 자연과학에 국한되는 것이 아니라 정치 경제적으로 심각한 갈등과 논란을 야기하는 문제로 전환될 수 있음을 보여준다. 환경 문제가 얼마나 정치화되기 쉬운지를 보여주는 사례는 우리나라에도 있다. 2011년 3월에 일본 후쿠시마 핵 발전소 폭발로 인해 방사능 오

염에 대한 우려가 제기되었을 때 한나라당 원내 대표가 색깔론으로 포장한 사건이 그것이다. 2011년 4월 의원총회에서 김무성 당시 한나라당 원내 대표는 "일본 후쿠시마 원전과 관련해 방사능 불안감을 조성하는 불순 세력이 있다"며 "과거 광우병 파동을 일으켰던 장본인들이 초등학교 휴교 등을 요구하고, 전교조에서 잇따라 성명을 발표하고 있다"고 말했다. 이어 "정부도 당당하게 문제가 없다는 것을 밝히고 국가 전복을 획책하는 불순 세력에 맞서 제압해야 한다"며 배후 세력으로 교장 자율로 휴교할 수 있도록 한 진보 성향의 교육감과 전교조 등을 거론했다.

핵 발전소 폭발과 대기 운동에 의한 방사능 오염 물질의 월경성transboundary 이동은 다분히 과학적인 사안임에도 불구하고, 우리나라에서는 기존의 정치 이데올로기, 특히 매우 단순한 흑백 논리라는 블랙홀 속에서 정치화되었던 것이다. 이처럼 자연과학적 차원의 환경 문제가 사회적 문제로 정치화되기 때문에 정치 이데올로기로서의 '생태주의ecologism'에 주목할 필요가 있다.

영국의 정치학자 앤드루 돕슨Andrew Dobson은 인간 사회와 자연의 관계에 대해 근본적인 문제를 제기하고 이에 답변하는 다양한 정치적 이데올로기를 '생태주의Ecologism'라고 표현한다. 돕슨에 따르면 생태주의는 현대적 공업화 이후 등장하게 된 환경 위기, 특히 전 지구적인 환경 위기의 원인이 무엇인지, 이를 어떻게 극복할 것인지에 대한 다양한 정치적 입장과 이념을 의미한

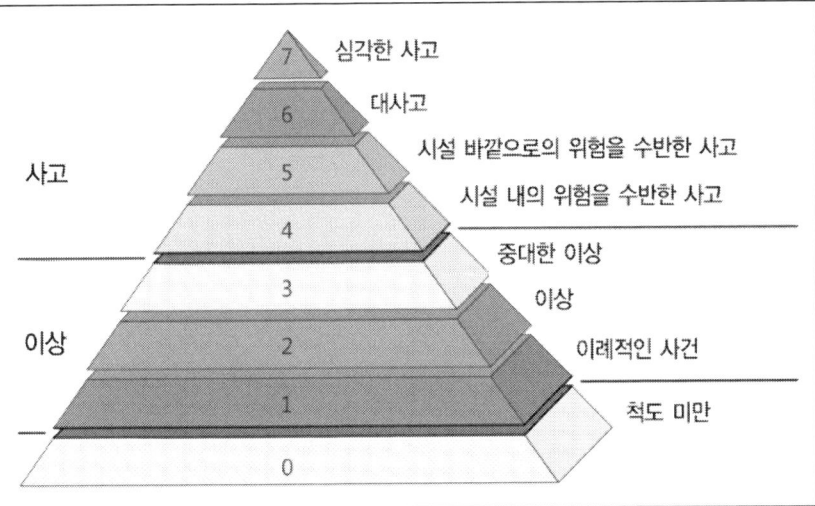

국제 원자력 사고·고장 등급(INES) 표. 체르노빌 원전 사고는 7등급, 후쿠시마 원전 4호기 폭발 사고는 6등급에 해당한다

영국의 정치학자 앤드루 돕슨은 인간 사회와 자연의 관계에 대해 근본적인 문제를 제기하고 이에 답변하는 다양한 정치적 이데올로기를 '생태주의Ecologism'라고 표현한다. 돕슨에 따르면 생태주의는 현대적 공업화 이후 등장하게 된 환경 위기, 특히 전 지구적인 환경 위기의 원인이 무엇인지, 이를 어떻게 극복할 것인지에 대한 다양한 정치적 입장과 이념을 의미한다.

다. 따라서 생태주의는 불가피하게 현대성에 대한 기존의 여러 가지 사회 이론들과 반목하거나 연대하며 새로운 이론적, 실천적 지평을 열어놓게 된다.

# 현대성과 생태주의

현대성이란 과학과 기술의 비약적 발전으로 인한 현대적 주체의 발견, 그리고 특히 18세기 유럽의 현대적인 사회 조직 방식, 경제적 삶의 양식, 정치적 정당화 과정에서 발생한 급격한 변화라고 볼 수 있다. 현대성에 대한 수많은 사회 이론적 설명들은 현대적 공업 사회가 초래한 다양한 사회 현상들을 설명하고자 했으나 현대 사회가 작동하는 배경으로 기능했던 자연의 한계에 대한 인식은 대체로 취약했다. 자연은 그저 사회, 경제적 '진보'를 위해 이용되는 자원으로 인식되는 것이 일반적이었다. 또한 이들 이론은 현대 공업 사회 이전부터 존재해왔던 젠더gender화된 위계적 이분법도 그대로 고수하고 있었다. 즉, 남성/여성, 문화/자연, 이성/감성 등을 나누고 앞의 것이 뒤의 것보다 우월하다고 생각하는 가치 판단 기준을 가지고 있었다. 그리고 자연을 행위 규범의 근거로 간주하기보다는 과학 기술의 발전을 지원하는 수단으로 간주했다. 현대 공업 사회를 설명하는 대부분의 사

현대성에 대한 낭만적 접근과 합리적 접근
티모시 오리어든Timothy O'Riordan은 낭만적 접근을 생태 지향주의Ecocentricism, 합리적 접근을 기술 지향주의Technocentricism라 명명했고, 데이비드 페퍼David Peffer는 각각 생태 지향주의적 환경론ecological environmentalism, 기술 지향주의적 환경론technological environmentalism이라고 이름 붙였다.

회 이론들은 이런 면에서 생태주의 이데올로기와 필연적으로 갈등을 야기할 수밖에 없다.

현대성과의 이러한 불화를 해결하는 데는 두 가지 방식이 존재한다. 하나는 현대성을 폐기하고 다른 대안을 찾는 방법이고, 다른 하나는 현대성의 원리를 더 철저히 관철하는 방법이다. 전자는 현대적 계몽 프로젝트가 가진 부정적 측면을 강조하면서 (우월하다고 생각했던) 이성에 의해 억압되었던 부분들(여성성, 문화적인 것, 감성, 직관 등)을 해방시키는 것이 현대 공업 사회의 환경 문제를 해결하는 데 필요한 처방이라고 보는 입장이다. 반면에, 현대성의 중요한 특징 가운데 하나는 이성에 의한 이성의 비판, 즉 이성의 자기 성찰성인데, 이러한 원리를 자연에 대한 현대 사회의 접근 방식에 적용하는 것이 후자의 방법이다. 다시 말해서 자연에 대한 현대적 관계를 비판적으로 성찰하면서 이를 오히려 더 합리적이고 이성적인 방식으로 재조정하는 방식이다. 전자의 방법을 낭만적 접근이라고 할 수 있고, 후자의 방법을 합리적 접근이라고 할 수 있다. 생태주의에 해당되는 모든 이데올로기에는 이 두 가지 접근 방법이 전제되어 있다.

그런데 이런 접근은 금세 숱한 질문과 마주하게 된다. 생태주의에서 고려하는 자연의 한계는 절대적인가? 역사적으로 자연의 한계는 계속 변경되어온 것이 아닌가? 한계는 누가 정하고 어떻게 알 수 있는가? 어디까지가 한계인가? 만일 한계가 있다

> 생태주의는 그 안에 대립하는 첨예한 이데올로기 투쟁을 담고 있으며, 자연의 한계와 관련된 지배 담론을 관철하려는 헤게모니 전략, 그리고 대안적인 생태 사회를 형성하려는 다양한 실천들도 아우르고 있다.

면 한계에 봉착하게 된 역사적 책임은 누구에게 있는가? 자본주의와 사회주의가 자연의 한계를 고려하는 방식은 다른가, 같은가? 근본적으로 자연과 사회를 구분하는 이분법 자체는 타당한가? 서구의 현대적 주체가 확립되고 자연을 이성적 관찰의 대상으로 객관화한 것이 환경 위기의 진정한 원인이 아닌가? 서구의 역사적, 철학적 전통에서 생태적인 문화는 존재했는가? 있다면 어떻게 변화되어왔는가? 동양적 전통은 모두 자연 친화적인가? 오히려 동서양을 막론하고 사회 지배층이 자연을 대하는 태도(관리하고 통제하려는 태도)와 민중들이 자연을 대하는 태도(순응하고 적응하려는 태도)를 구분하는 것이 더 타당하지 않은가? 환경 위기에 직면하여 어떻게 사는 것이 바람직한 삶인가? 자연이 인간 사회의 도덕적 원천이 될 수 있는가? 이런 질문들은 매우 타당한 질문이라고 생각되는데, 바로 이러한 질문과 비판이 생태주의를 구성하는 중요한 요소라고 할 수 있기 때문이다. 생태주의는 그 안에 대립하는 첨예한 이데올로기 투쟁을 담고 있으며, 자연의 한계와 관련된 지배 담론을 관철하려는 헤게모니 전략, 그리고 대안적인 생태 사회를 형성하려는 다양한 실천들도 아우르고 있다.

그러나 생태주의 이데올로기가 과거의 이데올로기들과의 대결 구도 속에서만 이해될 수 있는 것은 아니다. 사실 생태주의는 기존의 이데올로기로서 잘 포착되지 않는 '예상치 못한 복잡한'

문제들과 끊임없이 대결하고 있다. 특히 기후 변화와 같은 지구적 환경 위기, 핵 발전소 폭발, 광우병과 구제역 파동 등은 대단히 복잡하고 어려운 문제이며, 기존의 인식 체계나 사고방식으로는 해결하기 어려운 문제이다. 다른 말로 하자면, 인간의 뇌가 진화하는 속도를 추월해서 벌어지는 문제인 것이다. 따라서 생태주의는 기존 패러다임이 한계에 봉착했을 때 새로운 돌파구를 만들어내라는 근본적인 요구(이것을 '성찰적 계기'라고 할 수 있다)를 그 안에 품고 있다.

## 생태주의 갈피 잡기

생태주의가 이렇게 복잡한 정치적 스펙트럼과 질문들, 그리고 다양한 차이들을 포괄하고 있으며, 기존의 정치 사상들과의 절연絕緣도 감행하기 때문에 생태주의의 개념사를 간략하게 정리하려면 어쩔 수 없이 다소 과도한 단순화를 시도할 수밖에 없다. 이 과정에서 본의 아니게 특정한 입장 내에 존재하는 다양한 측면들이 사상捨象되고, 일종의 왜곡이 발생할 가능성도 있다. 또한 이 책은 서양 철학의 전통, 그것도 주로 현대 이후의 철학에 기대어 논의를 전개한다는 한계를 안고 있다. 그러므로 이 책은 생태주의에 대한 종합적인 설명이라기보다는, 환경 문제에 대한 사회과학적 연구나 생태주의 관련 분야를 처음 접하는 독자들을 위한 기초 안내서의 역할을 담당하는 것으로 소임을 다하고자 한다. 좀 더 깊이 있는 이해를 원한다면 생태주의의 다양한 입장의 전모를 보여줄 수 있는 저작들, 생태주의가 어떤 사상적 배경에서 발생하고 어떤 경로로 발전해왔는지를 추적한 저작들을 참고하는 것이 바람직할 것이다. 이러한 저작들에 대해서는 이 책의 말미에 소개된 〈도움받은 자료들〉을 참고하기 바란다.

이어지는 2장에서는 생태주의라는 개념이 구성되어온 역사를 탐색하기 위한 예비 절차로서 관련 용어들을 정의하고 곁가지를 다듬은 뒤 생태주의의 등장 배경을 살펴볼 것이다. 다양한 이웃 개념들이 있지만, 생태학과 생태주의, 그리고 환경주의와 생태주의를 구별하여 설명함으로써 이 책의 서술 범위를 어느 정도 한정해두고자 한다. 생태주의라는 용어의 사용 범위를 개략적으로 제시한 후에는 생태주의의 이론적 쟁점들을 간략하게 소개할 것이다. 생태주의라는 이데올로기 안에는 매우 다양한 입장들이 동시에 공존하고 있으며, 당연히 어떤 쟁점들은 이데올로기들 간에 계속 논쟁의 실마리를 제공한다. 여러 쟁점을 둘러싼 논쟁은 단순히 이론적 유희로 그치는 것이 아니라 실천적 차원에서 뚜렷한 차별성을 가져오기 때문에 주목할 필요가 있다. 이러한 쟁점들을 살펴보는 것은 생태주의가 왜 이렇게 다양하게 분화되었는지를 이해하는 데 도움이 될 것이다. 그리고 생태주의가 등장하게 된 역사적 배경을 간략히 살펴보고, 그러한 배경 속에 탄생한 생태주의의 정치 이데올로기로서의 특징을 함축적으로 제시할 것이다.

3장과 4장에서는 생태주의 이데올로기에 포함되는 다양한 입장들을 크게 낭만적 생태주의와 합리적 생태주의로 구분하고 각 입장의 핵심 주장을 살펴볼 것이다.

5장에서는 지금까지 다양하게 전개되어온 생태주의가 앞으로 어떻게 발전해갈지를 가늠해보기 위해 현재 우리가 살고 있는 지구가 직면한 위협들을 간략하게 스케치한다. 즉, 복잡하고 위험한 문제들, 그래서 기존의 사고방식과 실천 전략으로는 해결하기 어려운 문제들이 생태주의에 어떤 도전을 제기하는지를 살펴볼 것이다. 특히 문명 붕괴 패턴이 반복된다는 점을 참고하여, 기후 변화와 같은 복잡하고 어려운 문제를 극복하고 생태적 사회로 가기 위해서는 생태주의 이데올로기가 어떻게 변화해야 하는지에 대해 시론의 수준이지만 이론적·실천적 제안을 해보려 한다.

마지막으로 맺는말에서는 이 책의 의의와 한계를 간략하게 설명하고 생태주의 이데올로기가 앞으로 발전해야 할 방향과 과제에 대해 조심스럽게 전망해볼 것이다.

2장

# 생태주의의 이론적 쟁점들

# 1

# 생태주의와 이웃 개념들

생태주의는 기존 사회 이론이 충분하게 설명하지 못했던 자연의 한계, 생태 위기의 원인과 극복 방안에 대해 다양하게 논의를 전개한다는 점에서 현대성에 대한 여러 이론들과 대결하는 특징을 갖는다. 따라서 이론적 쟁점이 다양하고 복잡할 수밖에 없다. 이처럼 복잡한 쟁점들을 검토하기 전에, 생태주의와 혼동해서 사용되거나 오용되는 개념들과 생태주의를 구별할 필요가 있다. 먼저 생태학과 환경주의를 살펴보자.

### 생태학과 생태주의

에른스트 헤켈

생태학Ecology이라는 용어는 1869년에 독일의 생물학자 에른스트 헤켈Ernst Haeckel에 의해 만들어졌는데, 그가 생각했던 생태학은 생물과 환경 사이, 그리고 생물과 생물 사이의 관계를 연구하는 학문이었다(미국의 사상가 헨리 데이비드 소로Henry David Thoreau

자연의 경제
이 용어는 1658년, 종교와 양립할 수 있는 자연과학을 추구했던 디그비 경Sir Kenelm Digby에 의해 처음 사용되었다고 한다. 물론 신학자들은 이미 오에코노미아oeconomia라는 단어를 '신이 정해놓은 질서'라는 의미로 사용하고 있었다. 자연의 경제는 지상의 생명이라는 거대 조직 및 그 관리체를 의미하며, 여기서 신은 대지라는 집안의 재산을 만들어낸 지고至高의 경제학자로, 그리고 대지를 생산적인 것으로 유지하는 가게 관리자로 여겨졌다.

가 1858년에 생태학이라는 용어를 처음 사용했다는 주장도 있지만, 자연의 구성원으로서의 자신을 발견하고 자연을 관찰하고자 한 소로의 입장은 엄밀하게 말하면 생태 철학에 가깝다). 생태학은 자연의 경제nature's economy, 생태계 생물학ecosystem biology으로 불리기도 했으며, 개체 생태학, 군집 생태학, 동물 생태학, 식물 생태학 등으로 계속 분화되어왔다.

생태학은 자연과학에서 시작되었지만 여기에 그치지 않았다. 자연과학의 인과적 설명 방식을 사회과학에 적용하려는 흐름과 더불어 사회과학 분야에도 생태학적 모델이 도입되었다. 1960년대에 경제 성장과 구舊대륙으로부터의 이민으로 미국에 대규모 도시가 나타나고 새로운 사회 병리적 현상과 공동체 해체 등의 문제가 나타나자 이를 공간적으로 이해해보려는 도시 사회학이 발전하게 되었다. 이때 주로 사용되었던 방법론이 '인간 생태학human ecology'이라는 분야인데, 인간 사회의 조직적, 공간적 변화와 진화를 생태학적 모델로 설명하고자 했다.

생태학자 유진 오덤Eugene Odum은 생태학의 개념과 영역을 조금 더 구체적으로 규정했다. 그는 생태학을 "우주선 지구호에

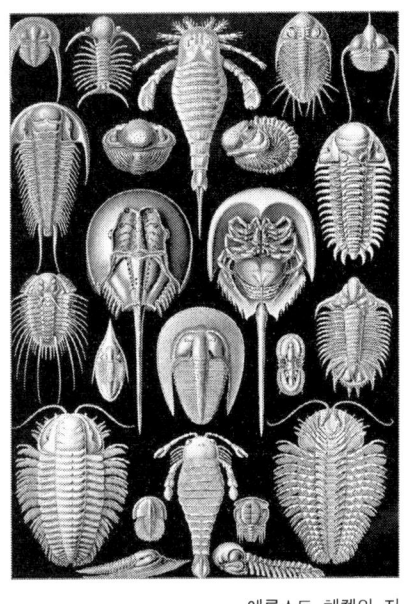

에른스트 헤켈의 저서 《자연의 미적 형태들》에서 그가 직접 그린 도판

● ─── 생태주의

29

## 인간 생태학의 분류

지리학자 데이비드 페퍼는 인간 생태학에 대해 학문의 역사가 짧아 명확하게 정의하기는 어렵지만 크게 세 가지로 구분할 수 있다고 본다. 첫째, 생태계 내에서 인간의 개입에 따른 문제(개발, 오염 등)를 다루는 학문, 둘째, 인류의 역사에 따라 현재 인류의 위치를 그 환경과의 관계 및 유전자 변이 과정, 진화 등을 통해 밝혀내고자 하는 학문, 셋째, 미국 시카고학파 식으로 생태학의 원리를 인간 사회에 적용해보고자 하는 학문. 이 책에서는 세 번째 의미로 사용했다. 두 번째 의미의 인간 생태학의 경우 인문학적 관점에 치중한 접근은 '환경사environmental history'라는 분야로 더 발전하고 있다.

서 상호 의존하는 존재들로 더불어 살고 있는 동물, 식물, 미생물, 사람들을 포함한 거주지에 대해서 연구하는 학문, 즉 지구의 생명 부양계life-support-system에 대한 학문"으로 이해하고, 생명 부양 기능의 핵심으로서 태양 에너지의 흐름과 순환을 통해 자연과 사회의 상호 작용과 내부 역학을 설명하고자 했다. 이처럼 자연과학으로서의 생태학은, 설사 경계를 넘어서 사회과학에 적용된 경우라 할지라도 어디까지나 생물과 환경, 인간과 환경의 상호 작용과 진화의 과정을 추적하고 설명하는 학문의 성격을 띤다. 물론 생태학은 지구가 가진 자연의 한계나 엔트로피의 증가에 대한 과학적 설명처럼 생태주의가 발전하고 진화하는 데 필요한 과학적 근거를 제공하기도 한다.

생태학을 자연과학에 한정해서 사용할 경우에는 생태주의와 관련해서 특별한 어려움을 야기하지 않지만, 생태학을 일종의 관점으로 사용할 경우에는 혼란스러운 상황이 빚어진다. 뒤에서 다시 살펴보겠지만, 예컨대 앙드레 고르André Gorz와 같은 사상가가 '정치적 생태학écologie politique'이라는 용어를 사용할 경우에는 그 의미가 이중적이기에 혼동이 생긴다. 첫째, 정치적 생태학에서 생태학이라는 용어는 위에서 살펴본 자연과학적 용어라기보다는 정치적 이데올로기를 의미하는 용어이다. 특히 고르의 입장에서 생태학은 체험된 세계로서의 자연을 보호하고, 공동체의 실존적 자율성을 파괴하는 것에 저항하는 생태주의 운동과 동의

> **자연과학으로서의 생태학과 통섭**
> 사회과학적 지식과 자연과학적 지식의 통일을 주장하는 에드워드 윌슨Edward Wilson의 통섭 이론은 양자의 균형을 전제로 하는 지식의 통합이 아니라 진화론을 중심으로 양자를 통일하려는 것으로 보인다. 이에 대한 비판은 심광현, 《유비쿼터스 시대의 지식생산과 문화정치》(문화과학사, 2009) 참조.

어로 이해되고 있다.* 둘째, 지리학에서 사용되는 정치 생태학은 영어로는 political ecology로 동일하게 번역될 수 있지만, 생태주의 이데올로기라기보다는 (주로) 자연 생태계의 역사적 변화에 대한 정치경제학적 탐구를 의미한다. 물론 정치 생태학에도 다양한 종류의 정치 생태학이 있고, 분류 방식에 따라서는 앙드레 고르와 같은 입장의 정치적 생태학을 제1세계 정치 생태학의 한 종류로 이해할 수도 있다. 하지만 정치적 생태학이 정치 생태학과 같은 범주라고 보기는 어렵다. 따라서 이 책에서는 고르와 유사한 입장을 보이는 이데올로기를 따로 구별하여 정치 생태주의라는 용어를 사용할 것이다.

### 생태주의와 환경주의

생태주의의 개념적 범주와 관련하여 중요한 것은 생태주의와 환경주의environmentalism를 구분하는 일이다. 예컨대 환경 보호라는 주제를 두고, 생태주의는 환경 보호와 관련한 사회적·정치적 생활 양식의 근본적인 변화를 전제한다. 반면 환경주의는 현재의 사회적·정치적 생활 양식을 변화시키지 않고서도 환경을 잘 관리하면 환경 문제를 해결할 수 있다고 보는 시각이다. 일명 관

* 앙드레 고르, 《에콜로지카》, 임희근 외 옮김(생각의 나무, 2008), 53~56쪽.

생태주의적 녹색Green과 '녹색 성장'
'녹색 성장'이라는 개념은 생태주의적이라기보다 관리주의적인 입장이기에 영어로 'green Growth'라고 표현되어야 한다. 녹색 성장에 대한 정치경제학적 입장에서의 비판은 이상헌, 〈MB정부 '저탄소 녹색 성장 전략'에 대한 정치경제학적 고찰〉, 《ECO》 제13권 2호(한국환경사회학회, 2009), 7~41쪽 참조.

리주의적 시각 혹은 환경(개량)주의적 시각이라 볼 수 있다. 그래서 생태주의적인 관점을 상징하는 '녹색(적)'(돕슨은 이를 대문자 G로 시작하는 Green이라고 표현한다)이라는 표현은 반드시 근본적 전환의 맥락에서만 사용되어야 하는 것이다. 특히 돕슨은 생태주의를 환경(개량)주의와는 확연하게 다른 이데올로기로 구분하는 것을 대단히 중시한다.*

생태주의는 의도적으로 지배 패러다임과 충돌하며, 계몽주의 시대 이래로 두드러진 프로메테우스적 프로젝트, 즉 과학 기술에 의한 물질적 풍요의 도래라고 일컫는 프로젝트를 유지하는 규범과 실천에 정면으로 도전하는 이데올로기이다. 이에 비해 환경주의는 이러한 근본적 저항성이 없으며, 오직 프로메테우스적 프로젝트를 더 환경친화적인 방향으로 유도하는 이데올로기라고 할 수 있다. 환경주의를 기존의 정치 이데올로기에 적용하자면 기존의 방식을 그대로 유지하려는 성향을 보인다는 뜻에서 대체로 보수적이라고 할 수 있다. 자본주의적 산업 패러다임을 약간만 수정하여 환경 위기에 대응하려는 태도를 보이기 때문이다. 여기에는 여러 가지 방식이 있다. 예컨대 환경에 부담을 주는 산업 행위에 세금을 부과하거나 아니면 반대의 경우에 유인책을 제공함으로써, 환경 문제로 인해 발생하는 비용을 시장 내

* 앤드루 돕슨, 《녹색정치사상》, 정용화 옮김(민음사, 1993), 17쪽.

부로 들여오는 것이다. 또한 화석 연료를 과도하게 사용하는 산업보다는 에너지 절약 및 환경 산업이나, 재생 가능 에너지와 같은 대체 에너지를 이용하는 산업에 투자를 유도하여 새로운 시장을 창출하는 방식도 있다.

그렇다고 해서 모든 생태주의가 반계몽주의적 낭만주의로 회귀한다고 판단하는 것 역시 오류다. 많은 경우, 생태주의는 진보적인 패러다임을 유지하면서 보수적 낭만주의 혹은 낭만주의적 엘리트주의에 대해서도 계속 비판을 가하기 때문이다. 이런 경향의 생태주의는 계몽주의에 대한 재계몽, 혹은 현대성에 대한 성찰에 가깝다.

정부의 저탄소 녹색성장, 누구를 위한 녹색인가?

환경주의와 생태주의의 경계에 애매하게 걸쳐 있는 경우도 있다. 예컨대 생태적 현대화론이나 지속 가능 발전론은 어떤 정치적 입장으로 접근하느냐에 따라 생태주의적 경향을 보이기도 한다. 따라서 환경주의와 생태주의가 근본적으로는 분명한 차이가 있지만, 용어 사용의 정치적 목적에 따라 구분이 모호해질 수 다. 이 책에서는 다소 좁은 의미로 생태주의의 범주를 한정하여 여기에 포함되는 다양한 논의들을 검토하지만, 환경주의적 성향을 보이기도 하는 일부 생태주의 이데올로기(예컨대 시장 생태주의)도 포함시켜 다루기로 한다.

# 2

# 생태주의의 이론적 쟁점들

생태주의 안에는 매우 다양한 입장들이 존재할 뿐만 아니라 정치적 이데올로기라는 속성으로 인해 생태주의 내부와 외부에서 다양한 이론적, 실천적 논쟁이 벌어질 수밖에 없다. 이번에는 생태주의와 관련된 몇 가지 대표적인 이론적 쟁점을 검토해보기로 한다.

### 자연의 한계

자연을 이용하는 것에 물리적인 한계가 있다는 생각은 특히 현대의 진보주의자들에게 반동적인 발상이었다. 과학 기술의 발전으로 자연의 물리적 한계는 극복될 것이고, 이로 인해 인민의 복지는 더 증대될 것이라고 믿었기 때문이다. 자연의 한계를 운운하면서 현재의 상황을 불변의 것으로 보려는 시각은 매우 보수적인 사고로 취급되었다. 하지만 생태주의는 자연의 물리적 한계가 존재하며, 인간의 발전은 그 수용 범위와 능력 안에서만 가능하다고 주장한다. 근대 초기의 진보주의자들이 생각했던 물질적 진보가 가능했던 것은 사실 제국주의적 침략의 산물인 식민지가 있었기 때문이다. 따라서 생태적 사회에서는 이러한 자연의 한계를 고려하여 기존의 사회적·정치적 생활 양식의 근본적 변화(물질적 재화의 소비량 감소, 비물질적인 욕망의 추구와 만족감의 증대 등)를 지향하는 사회를 추구한다.

 자연의 한계에 대한 인식은 생태주의를 환경주의와 구별 짓는 핵심 요소이다. 1972년 로마클럽에서 발간한 보고서 〈성장의 한계Limit to Growth〉의 결론은 생태주의의 출발점을 분명히 보여준다. '자연을 이용하는 데는 분명한 한계가 있고, 바로 이 지점이 근본적으로 새로운 사회 구조 변혁의 출발점을 제공한다.' 이것이 보고서의 결론인데, 이러한 발상이 바로 생태주의의 정치적 지향점이다. 기존의 공업주의적 수단을 통해서 환경 문제를 극복할 수 있다고 믿으며, 공업주의를 포기하지 않으려는 환경주의와는 분명한 차이가 있다.

 그런데, 이러한 사실은 정치 이데올로기로서의 생태주의의 어려움을 동시에 보여준다. 빈곤한 지역이나 국가, 혹은 계층에게 생태주의의 메시지가 어떤 의미가 있을지를 생각해보면 쉽게 이해될 수 있는 일이다. 생존을 위한 소비 능력도 없는 사람들에게 물질적 소비가 지구 환경을 위협한다고 주장하는 것은 비현실적인 이야기로 비칠뿐더러, 더 나아가서 부당한 요구로 여겨질 것이다. 게다가 인구를 줄여야 자원 사용량을 줄일 수 있다며 저출산을 주장하는 것은 국력 신장이나 경제 성장 이데올로기에 익숙한 일반인들에게는 매우 당혹스러운 논리다. 즉, 자연의 한계를 행위 규범으로 삼는 것은 현실 정치에서 유효하지 않을 수도 있다. 이것이 바로 생태주의적 가치에 기초한 대중 정당을 만드는 것이 어려울 수밖에 없는 근본적 이유이다. 따라서 정치 이데올로기로서의 생태주의의 특성과 관련해서 다음과 같은 질문을 던져볼 수 있다. 자연의 한계를 인정하는 것은 생태주의의 정치적 정당성 혹은 타당성을 훼손하는 일인가? 아니면 새로운 정치적 가치를 창출하는 일인가?

**시간과 공간에 대한 재해석**

'생산 양식mode of production'에 의해 고대·중세·현대 사회 등으로 나누는 것처럼, 시간과 공간을 조직하는 방식에 의해서도 사회를 구분할 수 있다. 즉, 시간을 어떻게 측정하고 이해하는지, 공간을 어떻게 해석하고 이용하는지에 따라 사회의 성격이 달라지는 것이다. 고대나 중세 사회에서 달력이나 지도는 특권층의 전유물이었다. 자연 절기에 따른 생활 리듬 혹은 국가가 관리하는 대략적인 시간의 기준은 있었으나, 사람들이 보편적이고 표준화

**장소**
장소는 지리학에서 대단히 중요한 용어이다. 물리적이고 객관적인 개념인 공간에 비해 장소는 개인이나 공동체의 실존적인 경험과 깊이 연루되어 있다. 즉, 개인 혹은 공동체가 공유하는 경험의 원천, 그리고 정체성 형성과 밀접한 관련을 갖는다.

---

된 시간을 공유하지는 않았다. 공간적인 측면에서도 실제 생활이나 상상력에서 공간적 범위의 제한이 존재했다. 장소place의 독특한 속성 그리고 특정 장소에 모여 사는 사람들 사이의 실존적인 연대감이 현대 사회 이전까지 보전되었다. 그러나 현대 사회에 들어와서는 시계로 대표되는 기계 장치에 의해 시간의 획일성과 보편성이 확보되었으며, 교통수단과 커뮤니케이션 수단 및 화폐 경제의 발달로 공간의 균질화와 교환 가능성이 높아졌다. 시간은 양적으로 측정되고, 이를 통해 생활을 통제하고 규제할 수 있게 되었으며, 장소가 가진 문화적, 역사적 특수성은 붕괴되었다. 이제 보편적이고 연속적인 공간, 추상적이거나 위치로서만 존재하는 공간이 지배하게 되었다.

생태주의는 이러한 현대적인 시간과 공간의 조직 방식에 대해 전면적인 도전을 가한다(물론 과거의 시간/공간관으로 돌아가자는 것은 아니다). 현대의 시간관은 뉴턴이 확립한 고전 과학적 시간관이라고 할 수 있는데, 측정 단위가 표준화되어 있고, 시간이라는 운동을 설명하기 위해 존재하는 것이기 때문에 반복되는 운동 속에서는 가역적可逆的이다. 그러나 생태주의가 많이 의지하고 있는 비평형 열역학이나 카오스chaos이론에 따르면 여러 층의 시간들이 공존한다. 거시적(우주론적, 가계사적家系史的) 차원의 비가역적 시간관, 그리고 미시적(일, 월, 연 단위) 차원 및 개인사적·심리적 차원의 순환적 시간관이 공존하며, 시간과 공간의 구분 없

자연의 한계를 인정하는 것은 생태주의의 정치적 정당성 혹은 타당성을 훼손하는 일인가? 아니면 새로운 정치적 가치를 창출하는 일인가?

이 공간을 시간의 흐름 속에서 인식하기도 한다.

현대의 고전적인 공간관에 따르면 공간 역시 시간처럼 표준화되고 추상화되며 구획화 또는 지구화가 가능하다. 이를 현대적인 절대 공간이라고 한다. 그러나 과학 특히 물리학의 발전에 의해 제시되는 새로운 공간관에 따르면, 공간은 시간에 의해 형성되는 하나의 사회적 과정으로 이해되기도 하고, 행위자들의 의미 부여에 의해 전혀 다른 공간으로 표상되기도 한다. 즉, 공간은 인간의 실천과 의미 부여를 통해서만 적절히 개념화될 수 있다는 것이다. 이를 관계적인 공간관이라고 한다. 이러한 공간은 특히 장소의 회복과 관련된 투쟁을 통해 만들어진다.

생태주의는 질적인 시간, 그리고 관계적인 공간을 주장하면서 현대의 시공간 조직 방식에 문제를 제기한다. 질적인 시간은 기계적 시간에 의한 통제 거부, 질적으로 의미 있는 시간 살기, 새로운 가능성의 생성을 통해 체험될 수 있다. 현대적 사회 체제의 공간 조직 방식은 '무장소성placelessness'을 특징으로 한다. 무장소성이란 개인이나 집단에게 의미 있는 장소가 없어지고, 특정 장소가 지닌 의미 역시 인정하지 않는 잠재적 태도를 의미한다. 현대 사회가 획일적이고 표준화된 공간을 생산하면서 만들어진 결과라고 할 수 있다. 생태주의는 이러한 무장소성에 도전하면서, 자연환경과 인간의 문화가 함께 진화하여 안정화되었던 공간을 의미 있는 장소로 재구성하는 일에 집중하고자 한다. 그러나 이러한 생태주의의 시도는 난관에 봉착해 있다. 예를 들어 자본은 포스트모더니즘 건축을 통해 또 다른 형태의 무장소성(즉, 기존 공간의 역사와 문화적 맥락과 전혀 무관한 장소성)을 만들어냄으로써 생태주의자들의 노력을 무색하게 한다. 이와는 다른 방식으로 생태주의자들을 당혹하게 만드는 사례도 있다. 미국 위스콘신 주의 뉴글래러스는 19세기 말에 스위스에서 건너온 이주민들이 만든 작은 마을이다. 이주민의 후손들은 스위스 전통 의상을 입고 가두 행진을 하고 스위스 오페라를 상영하는 등 전통을 계승하기 위해 노력했는데, 이는 결국 매력적인 관광 자원이 되었다. 이것은 장소의 상실인가, 장소의 회복인가? 시간과 공간을 재구성하는 것은 결국 사람들의 의식과 생활, 사고방식과 문화 등을 통째로 바꾸는 일이며, 자본의 난해하고도 세련된 포스트모던 전략과 차별성을 두면서 동시에 단순한 복고주의와도 선을 그어야 하는 일이다. 과연 생태주의의 새로운 시간/공간 전략은 성공할 수 있을까?

### 자연에서의 인간의 지위

서구에서는 현대성이 본격화된 이후, 철학적으로는 현대적 주체, 그리고 정치적으로는 자유로운 개인의 발견을 통해 자연에서 인간의 지위를 크게 격상시켰다. 인간은 자연의 불가항력적인 힘과 종교적인 도그마로부터 벗어나, 이성을 사용하여 외부의 대상을 과학적으로 탐색하는 주체가 된 것이다. 눈부신 과학과 기술의 발전을 통해 자연의 법칙을 발견하고 자연의 제약을 극복하기 시작하면서, 인간은 점차 과거 신(神)의 지위를 대신하게 되었다. 생태계에서 가장 진화한 고등한 동물, 자연의 법칙을 적절히 이용하면서 물질적 혜택을 풍요롭게 누리는 존재, 본능을 따르기보다는 교육과 사회화를 통한 교양과 문화적 관습을 존중하고 따르는 구성원, 영혼을 소유하며 불멸의 시를 남기고 천상의 음악을 만들어내는 등 고차적인 정신 활동의 결과를 서로 공유하고 또 다음 세대로 전수하면서 눈부신 문명을 일구어가는 존재로 등장했다. 하지만 우월한 존재로서 인간이 누렸던 영광의 날은 불행히도 매우 짧았다. 합리적이고 이성적인 존재이긴 하지만, 아직 우리는 여전히 원시적인 감정에 휘둘리고 너무나 복잡해진 여러 가지 문제를 능숙하게 해결할 만큼 진화하지 못했다는 증거가 계속 나타나기 때문이다.

 가장 대표적인 것이 전쟁이다. 물론 인류 역사에 전쟁은 언제나 있었지만, 계몽의 시기가 지나고, 과학 기술의 발전이 충분히 진행된 이후에도 여전히 종교나 피부색 혹은 인종이 다르다는 비합리적인 이유로, 때로는 정치 경제적 손익 계산과 같은 집단 이기주의로 인해 인명을 무참하게 학살하는 집단 광기의 사례들이 오히려 더 극단적인 형태로 나타났다.

> 전쟁은 과연 인간이 다른 종들에 비해 우월한 존재인지 회의하게 한다.
> 인간은 우주여행까지 실현한 첨단 기술과 찬란한 문화를 자랑하지만,
> 동물적 본성인 먹고 싸고 짝짓기하고 새끼를 키우고 싸우고 탐험하고
> 몸단장을 하는 데도 열심인 '털 없는 원숭이'이다.

　물론 모든 전쟁을 동일하게 취급할 수는 없다. 예를 들어 테러와 전쟁은 다르다. 이를 잘 보여주는 것이 2003년 3월 미국의 이라크 공격이 임박한 시점에 유럽의 한 반전 운동가가 내건 플래카드다. "테러는 가난한 자의 전쟁, 전쟁은 부유한 자들의 테러 Terror is War of the Poor, War is Terror of the Rich." 물론 이것 역시 모든 테러가 정당화될 수 있다는 것을 의미하지는 않는다.

　전쟁은 과연 인간이 다른 종들에 비해 우월한 존재인지 회의하게 한다. 예컨대 프로이트는 인간이 이성에 의해 지배되는 것이 아니라, 통제되기 어려운 욕망과 무의식의 지배를 받는다고 주장했다. 생물학자 데스먼드 모리스 Desmond Morris는 진화론의 입장에서 인간을 영장류의 하나인 '털 없는 원숭이'로 규정하기도 했다. 즉, 인간은 우주여행까지 하는 첨단 기술과 찬란한 문화를 자랑하지만, 동물적 본성인 먹고, 싸고, 짝짓기하고, 새끼를 키우고, 싸우고, 탐험하고, 몸단장을 하는 데도 매우 열심이라는 것이다. 영장류 중에서 가장 큰 두뇌를 가지고 있지만, 동시에 가장 큰 성기를 가지고 있는 것이 바로 털 없는 원숭이, 인간인 것이다. 또한 분자 생물학이나 유전학적 연구에 의해 인간의 염색체 수가 초파리의 그것과 크게 다르지 않으며, 인간과 침팬지는 유전자의 98퍼센트가 일치한다는 사실이 밝혀졌다. 이뿐만이 아니다. 화석 연료와 화학 물질에 크

데스먼드 모리스

게 의존하는 공업화(핵 발전을 포함해서)와 이로 인한 환경 오염 및 생태계 교란은 과연 인간이라는 종이 자기 후손들의 행복과 안녕을 진지하게 고려하는 사려 깊은 존재인지 의심하게 만든다.

생태주의는 이러한 사실들에 민감하게 반응한다. 일부 선구적인 생태주의자들은 인간을 자연의 다른 종들과 다르지 않은 존재로 생각하고 생물들과의 동질감과 평등성을 존중하면서 생태계에 겸손하게 다가섰다. 《월든Walden》의 저자 헨리 데이비드 소로는 미국 매사추세츠 주 콩코드 숲에서 다람쥐와 식물들과의 연대감을 느끼게 되면서 신성함을 체험했다. 그에게 사향뒤쥐는 형제이고, 줄무늬잉어는 동기생이며 이웃이었다. 콩코드의 식물은 동거자였으며, 벌들은 동료였다. 아메리카 대륙의 원주민들은 서구인들과 달리 생물과 무생물, 자연과 초자연, 정신과 육체를 나누는 이분법을 갖고 있지 않았다. 자연 세계 전체가 영혼을 갖고 있다고 믿기 때문에 자연에 살고 있는 모든 동물, 식물, 곤충 들을 함부로 대하지 않았다. 음식을 얻기 위해 짐승을 죽여야 할 때에는 영적 준비를 통해 위무하고, 잡을 때 고통을 주지 않으며, 고기를 얻을 때에도 존경심을 가지고 의례를 행하는 것이 그들의 방식이었다. 자연 속에서의 인간의 지위와 관련해 생태주의는 여러 가지 질문을 던진다. 과연 인간은 자연에서 가장 탁월한 종인가? 아니면 자연에 해를 끼치는 기생충 같은 존재인가? 동물이 아니라 식물에 비해서도 인간은 우월한가? 자연에

헨리 데이비드 소로

콩코드의 월든 호수

서 인간의 지위는 어떠한가? 혹은 어떠해야 하는가? 인간을 동물이라고 하는 것이 인간을 비하하는 것인가? 인간을 진화하는 동물로 간주하면 자연과 사회는 아무런 구분이 없어지는 것일까?

역사 발전의 주체

역사 발전의 주체는 누구인가? 자본가 계급인가, 노동자 계급인가? 아니면, 과학 기술을 가진 전문가들인가? 아니면 다양한 형태로 구성되었다가 분열하기를 반복하는 다중multitude인가? 이 문제에 대한 답변은 생태주의가 어떤 사회 운동 이데올로기와 결합하는가에 따라 다양하게 제시될 수 있다. 일반적으로 생태주의는 기존의 계급이나 성별, 국적, 종교적 신념에 따른 개별

일반적으로 생태주의는 기존의 계급이나 성별, 국적, 종교적 신념에 따른 개별적이고 특수한 주체들을 넘어서 보편적인 주체를 상정한다. 환경 위기가 특정 계급이나 집단에게만 닥치는 문제가 아니라 모든 집단 범주를 아우르며 영향을 끼치기 때문이다.

적이고 특수한 주체들을 넘어서 보편적인 주체를 상정한다. 환경 위기는 특정 계급이나 집단에게만 닥치는 문제가 아니라고 보기 때문이다. 즉, 환경 위기가 이전의 집단 범주들을 뛰어넘어 영향을 끼치기 때문에 생태주의가 특수한 집단의 이해관계를 관철하려는 기존의 정치와 다른 새로운 정치 형태를 보여줄 수 있다는 것이다.

그렇다고 해서 생태주의 이데올로기가 계급이나 성, 종교 등 기존의 사회 운동 영역과 무관하게 작동하는 것은 아니다. 환경 위기 극복 능력은 여전히 계급이나 성, 종교적 신념에 따라 다를 수 있고, 환경 위기로 인한 피해 역시 계급이나 성별, 인종에 따라 다르게 나타날 수 있다. 예컨대 경기도 기흥의 삼성반도체 공장에서 근무했던 다수의 노동자들이 백혈병에 걸려 사망한 사건처럼 노동 과정에서 발생하는 환경 피해는 생태주의의 입장에서 볼 때 명백하게 노동 계급의 건강권에 대한 침해이며, 여기에 맞서는 생태주의 운동(이름을 어떻게 붙일 것인가는 새로운 논쟁의 사안이지만)의 주체는 노동자 계급이 될 수밖에 없는 것이다. 그렇다고 해서 언제나 특정 주체의 범주와 역할이 명확하게 규정되고 고정되는 것은 아니다. 가령 생태 여성주의Eco-feminism의 경우 여성만이 유일한 생태주의 운동의 주체가 되는 것은 아니다. 다만 남성/여성, 생산/재생산에 대한 위계적 이분법 거부, 자연에 대한 억압과 여성에 대한 억압 사이의 유사성에 대한 고발과 저항 운동에서 여성이 중심적인 위치에 있음을 강조하는 것이다. 그렇다면 이런 질문이 가능하다. 생태적인 사회로 이행하기 위해 어떤 주체가 필요한가? 특정한 주체가 꼭 필요하기는 한 것일까? 모두 다 주체라고 한다면, 자칫 아무도 책임지지 않아도 된다는 뜻으로 해석될 수도 있지 않을까? 더 극단적으로 말해서, 주체라는 것이 과연 필요한가?

### 민족 국가는 생태적일 수 있는가

현대의 민족 국가nation state는 다른 국가들에 대해 배타적인 단위이다. 따라서 국가의 이익이 행위의 가장 중요한 동기가 된다. 지구적 환경 문제를 해결하겠다고 114개국 정상들이 모였던 1992년의 리우 정상 회의도 언뜻 보기에는 환경 회의 같지만, 실상은 환경 외교 회의, 즉 재원과 기술 이전 문제를 놓고 저마다 자국 이익의 침해가 없도록 서로 외교 역량을 겨룬 회의였다. 리우 회의뿐만 아니라 최근에 관심을 끌고 있는 유엔 기후변화협약 당사국총회도 마찬가지이다. 1992년 리우 회의에서 체결된 유엔 기후변화협약(UNFCCC)과 1997년에 제안되고 2005년에 발효된 교토 의정서는 국익에 자본의 이익을 더한 것이라고 이해할 수 있다. 교토 의정서에서 도입한 이른바 교토 메커니즘이 온실가스 배출량 감축을 명분으로 각국에 탄소 배출권을

노동자의 건강과 인권 문제가 대두된 삼성 반도체 백혈병 사건. 인권 단체가 산재 인정을 촉구하는 기자 회견을 열고 있다
ⓒ 매일노동뉴스 조현미

생태주의는 의도적으로 지배 패러다임과 충돌하며, 계몽주의 시대 이래로 두드러진 프로메테우스적 프로젝트, 즉 과학 기술에 의한 물질적 풍요의 도래라고 일컫는 프로젝트를 유지하는 규범과 실천에 정면으로 도전하는 이데올로기이다.

> **아나키즘**
> 아나키즘을 일반적으로 무정부주의라고 번역하고, 비현실적인 몽상가들이 주장하는 사상이라고 폄하하기도 하는데, 이는 오해에서 빚어진 오역이다. 하승우는 아나키즘이 국가만이 아니라 시장의 폭정에 맞서고, 여성을 억압하는 가부장제와 생태계를 파괴하는 개발주의에도 반대한다는 의미에서 무강권주의無强權主義라고 번역했는데, 이것이 비교적 정확한 번역이라고 할 수 있다. 자유를 억압하는 모든 위계 서열과 강압에 대한 거부를 지향하면서 자신이 동의하고 합의한 질서에는 복종하는 것이 아나키즘의 정수이다. 하승우, 《아나키즘》(책세상, 2008) 참조.

할당하고 그것을 거래하는 탄소 시장을 창출하는 등 새로운 자본 시장을 만들고 있기 때문이다. 결국 환경 문제 해결보다는 국익이라는 국가주의적 이데올로기가 앞서는 것이다. 행위의 동기 측면뿐 아니라 능력 면에서도 국가라는 단위는 생태주의자들의 의심을 받고 있다. 예컨대 국가의 범위를 넘어서는 전 지구적 환경 문제를 민족 국가 단위에서 해결할 수 있는가? 반대로 재정 여건이 미흡하고 전문 인력과 인프라가 부족한 저발전 국가에서 국가의 역할은 매우 제한적이기 마련인데 곳곳에서 발생하는 환경 문제를 과연 제대로 해결할 수 있는가?

그래서 생태주의자들은 대체로 민족 국가 단위에 대해서는 회의적이다. 이들의 주장을 다음과 같은 명제로 표현할 수 있다. '죽어야 할 국가 권력과 제도는 시퍼렇게 살아 있고, 생생하게 살아 있어야 할 자연과 생명들은 죽어가고 있다.' 이런 이유로 생태주의는 아나키즘anarchism이나 지역 생태 공동체의 자발적 협력 혹은 자립 능력에 기대어 환경 문제를 해결하려는 경향이 있다. 즉, 생태주의자들을 특징짓는 중요한 지리적, 사회적 단위는 공동체여서, 예컨대 먹을거리, 의료, 건축 등의 분야에서 다양한 형태의 협동조합을 결성하고, 지역 화폐local currency 등을 통해 환경에 부담을 적게 주면서 복지 수준을 늘릴 수 있는 대안적 경제 활동을 영위하고자 한다.

하지만 생태주의를 표방하면서도 환경 문제 해결에 민족 국

지역 화폐
지역 화폐란 국가에서 발행하는 법정 화폐와는 별도로, 특정 지역 공동체 내에서 재화나 용역을 교환하는 데 통용되는 대안적 화폐를 말한다. 최초의 지역 화폐는 1983년 캐나다 밴쿠버의 코목스밸리라는 마을에서 마이클 린턴Michael Linton이 시작한 레츠 LETS(Local Exchange Trading System)이다. 당시 공군 기지 이전과 목재 산업의 침체로 실업률이 급격하게 증가하자 이를 해결하기 위해 녹색 달러라는 이름의 지역 화폐를 만들어 물건과 기술, 서비스를 서로 교환했다.

미국 워싱턴 주 타코마 시의 지역 화폐

가의 역량을 최대한 활용하려는 경향도 존재한다. 왜냐하면 현 체제 내에서 문제를 시급하게 해결해야 한다는 압박감이 있었고, 특히 서구의 후기 공업주의 국가의 경우에는 마르크스주의자들이 생각했던 것처럼 사회 문제 해결에서 '강제력'을 핵심으로 하고 있는지에 대해 의문의 여지가 있었기 때문이다.

이와 관련한 논쟁을 시대별로 간략하게 살펴보면 1970년대에는 '생태 절대주의 국가론'과 '생태 아나키스트 사회론'이 대립했고, 1980년대에는 '생태 사회주의 국가론'을 주장하는 논자들 사이에 다양한 논쟁이 벌어졌으며, 1990년대 이후에는 민주주의론의 르네상스와 더불어 '생태 민주주의' 논의로 확대되었다.

1970년대에 생태 절대주의 국가를 주장한 이들은 생태 위기가 만연한 20세기의 상황이 근대 국가 탄생기와 유사하다고 본다. "만인의 만인에 대한 투쟁"이 근대 국가 탄생기의 특성이라면 현대는 생태적 공유재가 개인들의 욕망에 의해 파괴되는 상황이므로 이를 관리하기 위해서는 생태적인 리바이어던Leviathan 국가가 유일한 해결책이라는 것이다. 반면 생태 아나키스트 사회를 주장한 사람들은 국가란 자율과 자유를 추구하는 개인을 억압하는 기구이므로 생태적 원리에 맞게 개인의 자질을 최대한 발휘할 수

**대안적 민주주의**
기존의 대의 민주주의의 단점을 보완하려는 다양한 형태의 민주주의를 말한다. 대부분의 대의 민주주의에서는 유권자의 선호로부터 피선출자의 독립성을 훼손할 수 있는 형식적인 제도들, 예컨대 구속적 위임, 대표의 임의 해임, 소환 등을 일반적으로 도입하지 않는다. 따라서 실질적인 의미에서 스스로에 의해 통치되지 못한다는 문제가 있다. 이런 문제들을 해결하기 위해 도입되는 다양한 형태의 실질적 민주주의를 포괄적으로 대안적 민주주의라고 할 수 있다. 숙의적 민주주의, 결사체 민주주의, 인터넷 민주주의가 여기에 해당한다.

---

있는 생태 친화적 사회를 구성하는 것을 바람직하게 생각했다.

1980년대에 서구가 후기 공업 사회로 접어들면서 물질적, 경제적 가치를 최우선하는 사조가 후퇴하게 되었고, 국가는 그 자체로는 선하지도 악하지도 않지만 특정 개인에게는 억압적일 수 있는 존재로 인식되었다. 그리고 시민 사회의 자율적인 영역을 확장하기 위해 타율적인 국가를 축소하는 것이 중요한 과제로 등장했다. 한편, 통제력이 약한 국가는 화석 에너지에 종속된 경제를 더는 제어하기 어렵다고 생각해 강력한 국가에 의한 생태적 재구조화, 특히 에너지 사용에 대한 계획적 개입과 환경 파괴적 자본주의 경제에 대한 정치적 통제를 주장하기도 했는데, 이들에게 중요한 것은 어떻게 녹색 세력이 국가를 장악할 것인가 하는 문제였다.

1990년대에 들어서면서 '녹색 국가'에 대한 관심은 크게 네 가지 흐름으로 제시되었다. 첫째, 엄격한 환경 규범을 제공하고, 이를 효율적으로 실행하는 권위체로서의 국가 역할을 강조하는 흐름이다. 둘째는 지속 가능한 발전 개념을 국가 발전 전략으로 선택하는 흐름이다. 셋째, 기존의 자유주의적 민주주의에 대한 대안적 민주주의론과 생태론이 결합하는 흐름이다. 넷째, 환경 이슈와 복지 이슈를 결합하는 녹색 복지 국가를 주장하는 흐름이 있다. 이 네 가지 흐름은 지금까지 계속 경합을 벌이고 있는데, 특히 세계화의 흐름 속에서 녹색 국가의 구성 요소가 무엇인지, 국가의 역량이 어느 범위까지 미칠 수 있는지 등에 대한 다양한 논의와 더불어 각국의 여건(국가의 제도 발전 경로, 정치·경제·문화적 조건, 시민 사회의 역량 등)에 맞게 자리 잡아가고 있다. 여기서 다시 다음과 같은 질문들이 제기된다. 기후 변화와 같은 전 지구적 도전에 대응하기에 적합한 단위는 국가인가 아닌가? 만일 국가라면 어떤 국가여야 하는가? 이런 국가는 어떻게 만들 수 있는가?

# 생태주의의 등장 배경

지금까지 살펴본 생태주의의 개념과 이론적 쟁점에 대한 개략적인 설명은 대단히 평면적인 것이었다. 이제 생태주의를 좀 더 입체적으로 살펴볼 차례이다. 이를 위해 역사적인 접근을 시도하는 것도 한 방편이 될 것이다. 다소 기능주의적으로 말하자면 '개념'이란 특정한 역사적 시점에 사회적 요구를 배경으로 해서 등장하고, 사회의 다양한 이해관계나 권력 투쟁, 혹은 문화적 해석 등의 과정을 거쳐 새롭게 바뀌어가는 것이다. 따라서 생태주의라는 개념이 등장하게 된 역사적 배경을 이해하는 것은 생태주의가 지금, 그리고 앞으로 추구하는 것이 무엇인지, 혹은 무엇이 되어야 하는지를 파악하는 데 대단히 중요한 역할을 한다.

### 중세의 우주론

생태주의의 역사적 배경을 살펴보기 위해 우선 중세의 우주론을 이해할 필요가 있다. 중세의 우주론에 담긴 모순된 입장이 훗날 상반된 생태주의로 발전했기 때문이다. 중세의 우주론을 이해하려면 당시에는 신학이 최고의 지식이었으며, 물리학을 비롯한 다른 과학들은 신학이 허용하는 범위 내에서만 연구되거나 발전될 수 있었다는 사실을 알아야 한다. 아리스토텔레스의 물리학은 신학을 지지하는 학문으로 수용되었기 때문에, 이를 거스르는 것은 목숨을 내놓아야 하는 위험한 일이었다. 아리스토텔레스의 물리학은 사물의 운동을 신이 부여한 목적을 달성하는 것, 즉 신께서 지정하신 사물의 원래 위치를 찾아가는 것으로 설명했다. 중력을 예로 들어보자. 돌맹이는 왜 직선으로 떨어지는가? 신이 지정해놓은 돌맹이의 원래 위치는 지구 중심이기 때문에 그리로 최대한 빨리 가려는 것이다. 용암이 위로 치솟는 것은 불이 원래 하늘에 속하기 때문이고, 폭포의 물이 아래로 떨어지는 것은 원래 땅 속에 있어야 하기 때문이다.

자연을 신이 저술한 책으로 인식했다는 사실도 중요하다. 중세의 우주론에서는 신이 쓴 자연이라는 책에 신의 섭리와 교훈이 가득하다고 보았다. 개미와 벌은 인간에게 성실해야 한다는 교훈을 주고, 파리는 인생의 무상함을, 반딧불은 신의 신성함을 보여주기 위한 것이다. 또한 세계는 감정을 가진 커다란 동물과도 같아서 사람들이 이 동물 속에 기생충처럼 살고 있다고 생각하기도 했다. 지구의 물줄기와 화산이라는 통로는 거대한 동물

> 인간의 경험에 근거한 가치 구분
> 생태학적 지식이 형편없었던 시절, 미국과 영국에서는 생물들에게 선과 악의 절대적인 윤리 기준을 적용해서 아름다운 노래를 부르는 새들과 실용적이고 귀여운 야생 동물은 선한 동물로, 날카로운 이빨과 발톱을 가진 호랑이·사자·늑대·퓨마·곰·코요테 등은 해롭고 사악한 들짐승으로 규정했다. 하지만 사나운 포식자를 제거한 결과 살아남은 착한 짐승들은 결국 개체수가 너무 불어나 먹잇감이 모자라게 되어 다시 개체수가 줄어드는 일이 벌어지기도 했다.

의 순환 및 소화 기관에 해당하므로 화산의 분출은 자연이라는 동물이 방귀를 뀌는 것으로 여겼다.

이렇게 신을 앞세우면서도 중세의 우주론은 상당히 인간 중심적이었다. 하지만 이는 곰곰이 따져보면 당연한 논리적 귀결이다. 신의 의도를 어떻게 알 수 있는가? 그것은 인간의 경험에 의존하여 판단할 수밖에 없다. 따라서 어떤 것이 가치가 있고 어떤 것은 그렇지 않다는 것을 결국 인간의 경험에 근거하여 구분하게 되었고, 그렇다 보니 인간 중심적인 가치 체계가 만들어졌다.

중세의 우주론에서 이보다 더 중요한 것이 '존재의 사슬Great Chain of Being'이라는 개념이다. 데이비드 페퍼에 따르면 이것은 "우주를 구성하는 모든 원소는 살아 있거나 죽었거나 정신적이거나 물질적이거나 간에 모두 이 거대한 사슬 속에 서로 맞물려 있다"는 인식이다. 불교의 연기론緣起論적 세계관과 다분히 유사한 존재의 사슬 개념은 중세의 우주론이 인간과 자연의 관계를 대단히 밀접하게 상정하고 있음을 보여준다. 그런데 존재의 사슬 개념 속에는 신이 인간을 위해 자연을 창조했기 때문에 자연으로부터 인간이 이익을 얻어야 한다는 인간 중심적인 사고방식과, 자연과 인간의 조화롭고 유기적인 관계를 강조하는 사고방식이 동시에 존재한다. 즉, 인간과 자연의 지위를 어떻게 취급하느냐에 따라 상이한 의견으로 나뉘는 것이다. 중세는 신학의 시대였기 때문에 이러한 논쟁은 결국 기독교가 인간의 자연 지배

> 환경사
> 환경사는 자연과 인간 사회의 상호 작용을 역사적으로 고찰하는 학문이다. 즉, 사회가 자연에 일방적으로 영향을 주고 이를 이용한다는 식의 문화 결정론이나 사회가 자연적 조건에 의해 일방적으로 결정된다는 환경 결정론을 모두 거부하고, 사회와 자연의 상호 제약 혹은 상호 작용을 추적한다.

혹은 더 나아가서 자연 개발을 정당화하는 종교인가 아니면 인간을 자연의 보호자 혹은 청지기steward로 설정함으로써 자연과의 조화를 중시하는 종교인가에 대한 논쟁으로도 이어졌다. 그러나, 뒤에서 다시 논의하겠지만, 인간을 자연의 지배자로 보는 관점과 보호자로 보는 관점이 기독교 정신에 모두 포함되어 있다고 보는 것이 타당할 것이다.

 문제는 과학 혁명과 공업 혁명을 거치면서 이 두 가지 이데올로기 가운데 인간을 자연의 지배자로 보는 관점이 지배 이데올로기가 되었다는 것이다. 그 이유는 무엇인가? 환경사environmental history의 선구자 클래런스 글래켄Clarence Glacken에 따르면 18세기에 인간의 힘에 대한 인식이 증가했고, 이러한 경향이 19세기, 20세기를 거치면서 더 확대되었으며, "자연에 대한 인간의 힘"에 기초해 획기적인 인간 중심주의를 확립하게 되었다고 한다. 이는 다시 말해서 과학 기술의 발전으로 인간이 자연의 원리에 대해 더 많은 것을 이해하게 되고, 단순히 신의 의도를 밝히는 것을 넘어서서, 아니 더 정확하게 말하자면, 그러한 신앙의 권위를 뒤집어엎는 패러다임을 만들게 되었다는 것을 의미한다. 이를 좀 더 구체적으로 살펴보자.

자본주의적인 화폐 경제가 발전하면서 자연은 사용 가치보다 교환 가치가 중요한 상품으로 변했고, 경제적 편익을 얼마나 제공할 수 있느냐에 따라 가치가 평가되기 시작했다. 어머니 대지의 훼손을 염려했던 태도는 조금이라도 더 많은 광물과 자원을 캐내려는 태도로 바뀌었다.

### 자본주의와 과학 혁명, 그리고 자연의 지배

17세기에 들어서면서 중세의 우주론을 바탕으로 대지를 어머니로 이해하던 세계관은 새로운 세계관의 도전을 받게 된다. 그 이유는 첫째, 대체로 16세기 중엽부터 유럽을 중심으로 성장하기 시작한 자본주의의 상업적, 공업적 활동으로 인해 자원의 개발이나 대지의 착취를 제어할 문화적 제약이 사라졌기 때문이다. 이는 자본주의적 상업 혁명에 따라 사회 전체의 필요와 목적이 변해 자연에 대한 유기체적 시각과 가치를 유지하기 어려워졌다는 것을 의미한다. 자본이 축적되자 사람들은 더 많은 상품을 구매하고 싶어 했고, 자본가들은 노동자와 자연을 착취하고 (자본주의가 제국주의로 심화되면서 식민지의 자원까지 착취하여) 더 많은 상품을 생산해내기 시작했다. 자본주의적인 화폐 경제가 발전하면서 자연은 사용 가치보다 교환 가치가 중요한 상품으로 변했고, 경제적 편익을 얼마나 제공할 수 있느냐에 따라 가치가 평가되기 시작했다. 어머니 대지를 함부로 훼손하는 것을 염려했던 태도는, 조금이라도 더 많은 광물과 자원을 캐내려는 태도로 바뀌게 되었다.

둘째, 자본주의의 발전과 같이 진행되었던 과학 혁명은 자연의 죽음을 가져왔다. 실험 과학을 중시했던 프랜시스 베이컨 Francis Bacon은 자연에 대한 탐구가 어떤 부분에서도 금지되어서 현대적 진보의 다양한 결과 중 하나인 전 지구적 환경 위기에 대한 근본적 성찰의 한 방식으로 생태주의가 등장했다.

뉴턴

는 안 되며, 자연은 인간을 위해 봉사하는 노예가 되어야 한다고 보았다. 수학과 천문학에도 정통했던 철학자 라이프니츠Gottfried Wilhelm von Leibniz는 우주란 신이 만든 시계인데 신은 최초에 시계를 작동시킨 후에는 간섭하지 않고, 보편적인 물리적 법칙에 의해 작동하도록 만들었다고 믿었다. 하지만 우주의 궁극적 원리를 물질, 운동, 진공, 힘이라고 본 뉴턴Isaac Newton은 우주는 자동 기계가 아니며, 세계가 멈추는 것을 막기 위해 "능동적인 원리"(만유인력, 발효, 전기의 원인)의 형태를 갖는 새로운 운동이 주기적으로 더해지는 것으로 보았다. 견해의 차이는 있지만 이처럼 자연이나 우주를 예측 가능한 법칙에 의해 움직이는 기계로 이해하는 '기계적 세계관'은 복잡한 자연 현상들을 일정하게 구조화된 질서로 환원해 파악할 수 있다고 생각했다.

자본주의의 사회 경제적 속성과 과학 혁명의 기계적 세계관은 대단히 잘 조응했다. 끊임없이 자원과 노동력을 투입하여 새로운 잉여 가치를 창출함으로써 재생산되어야만 살아남을 수 있는 자본주의적 생산 양식과, 단순한 법칙으로 환원될 수 있는 하나의 물리적 기계인 자연을 활용하여 인간의 필요를 충족시키는 것이 바람직하다고 보는 기계적 세계관은 썩 잘 어울리는 한 쌍이었다. 이로 인해 인간의 자연 지배는 하나의 시대정신으로 등장하게 된다. 미국의 생태 여성주의자인 캐럴린 머천트는 《래디컬 에콜로지》(이후, 2001)라는 책에서 이 시대정신이 어디에 근거하는지를 다음과 같이 간명하게 요약했다. "자연의 지배는 작동자로서의 인간에 대한 의존, 관리자로서의 인간과 권력에 대한 강조, 진보와 발전의 기준으로서 질서와 합리성에 대한 강조에 근거한다."

자연의 지배가 합리적인 진보의 기준으로 작용했다는 것은 중요한 의미를 갖는다. 더 많은 공업화, 더 많은 자원의 활용, 더 많은 개발, 더 많은 상품의 생산과 소비로 인한 경제 성장, 이러한 과정들의 부산물인 폐기물과 환경 오염의 증가가 인류의 진보를 증거하는 징표가 된 것이다. 이것은 자유주의, 보수주의, 사회주의, 마르크스주의, 파시즘 등 거의 모든 현대의 정치 이데올로기에 공통적으로 들어 있는 관점이라고 할 수 있다. 각 이데올로기의 차이에 민감한, 특히 이러한 차이를 직접 경험한 사람들에게는 충격적으로 들리겠지만, 정치적 이념 지형에 상관없이 좌파든 우파든 모두 자연 지배에 근거한 공업화와 개발 지향적인 진보의 개념을 공유하고 있었다. 그런데 바로 이러한 현대적 진보의 개념이 생태주의가 등장하게 된 배경이 되었다. 현대적 진보의 다양한 결과 중의 하나가 바로 생태계의 파괴와 교란, 산성비의 확산, 화석 연료를 비롯한 천연자원의 고갈, 생물종 다양성의 파괴, 열대 우림의 잠식과 사막화의 증가, 유독 물질의 증가 등 전 지구적인 환경 위기였고, 이에 대한 근본적 성찰의 한 방식으로 등장한 것이 생태주의이다.

### 생태주의의 검토 방식

생태주의는 현대적 진보의 결과로 나타나게 된 전 지구적 환경 위기에 대응하는 성찰적인 방식이다. 앞서 살펴보았듯이 현대성의 결과에 대한 대응 방식이 현대성을 폐기하거나(낭만주의적 방식) 급진화하는 방식(합리주의적 방식)으로 나눠진다면, 생태주의 이데올로기에도 대략적으로 이러한 분류가 적용될 수 있을 것이다. 따라서 이어지는 글에서는 생태주의를 크게 낭만주의적 생태주의와 합리주의적 생태주의로 나누고 두 범주에 속하는 다양한 생태주의를 핵심적인 논점을 중심으로 검토해볼 것이다.

낭만주의적 생태주의는 주로 자연과의 공동체적 관계, 인간의 필요와 권리를 자연의 다른 존재들에 비해 특권화하는 것에 대한 거부, 인간의 우월성에 대한 거부 등의 태도를 보인다. 한편, 합리주의적 생태주의는 합리적 이성이 가진 특권을 여전히 중요하게 생각하고, 이성적 태도로 (그렇지 않은 경우도 있지만, 현대적 과학 기술에 의존하는 방법을 포함하여) 생태적 위기에 대응하려는 태도를 보인다.

두 범주에 속하는 다양한 생태주의를 엄밀하게 살펴보려면 핵심적인 사상가들의 논의를 체계적으로 검토해야 하지만, 지면의 한계상 이 책에서는 각 이데올로기의 핵심 내용을 중심으로 정리하고자 한다. 예컨대 각 이데올로기에서 생각하는 세계와 자연의 근본적인 구성 요소에 대한 철학, 자연과 세계에 대한 윤리적 규범, 자신들의 원칙을 다른 사람들과 소통하는 방식 등이 포함될 것이다. 또한 각 이데올로기의 실천 전략이나 행동 지침 등도 중요한 중요한 논점이 될 수 있다. 예컨대 현재의 지구적 환경 위기를 초래한 근본 원인이 무엇이라고 생각하는지, 그러한 원인들로 인해 나타난 문제들을 어떻게 바꾸고자 하는지, 어떤 정치적 수단이 필요하거나 유효하다고 보는지, 어떤 정치적 조직이 바람직하다고 보는지, 운동의 최종 목표가 무엇인지, 운동의 핵심 주체를 누구라고 생각하는지에 대한 의견들을 살펴볼 것이다.

**깊이 읽기**

## 육식에 대하여

우리가 고기를 먹는 것은 정상적이고, 자연스러우며, 필요한 일일까? 다른 동물의 살을 먹는 일은 다분히 정치적인 행위이며, 또 대단히 복잡한 사회 시스템에 의해 유지되는 사회적 관행이다. 미국의 사회 심리학자 멜라니 조이(Melanie Joy)는 《우리는 왜 개는 사랑하고 돼지는 먹고 소는 신을까?—육식주의를 해부한다》(모멘토, 2011)라는 도발적인 제목의 책에서 육식이 정상적이고 자연스러우며 필요한 일이 아니라 대단히 폭력적인 이데올로기에 의해 조종되는 행위임을 폭로한다. 저자는 이 폭력적 이데올로기를 '육식주의carnism'라고 부른다. 채식주의가 신념이나 가치관을 반영하듯이, 특정한 고기를 먹는 일 역시 정치적 행위라는 점을 일깨우기 위해서다. 이 책 전체에서 저자가 고발하는 육식주의는 소수의 축산 대기업이 시장을 지배하는, 공장식 사육과 비윤리적 도축의 비참한 현실을 은폐하고 포장하는 폭력적 이데올로기다.

육식주의 이데올로기는 우선, 동물들에게 잔인한 폭력이다. 고기를 얻기 위한 사육 및 도축 과정이 너무나 비인도적이고 비참하기 때문이다. 암퇘지들은 바닥이 똥오줌으로 뒤덮인 비좁은 우리 속에서 갇혀 지내야 한다. 그러다가 오물에 의해 요로 감염이라는 치명적 질병에 걸리면 얼마 지나지 않아 도축장으로 끌려가게 된다. 도축 과정도 잔인하다. 도살하기 전에 가축들을 기절시키는 것이 원칙이지만, 워낙 많은 양을 빠른 속도로 처리하기 때문에 컨베이어 벨트 족쇄에 묶여 거꾸로 매달린 가축들 중에는 의식이 멀쩡한 채로 발버둥치다가 끓는 물에 던져지는 경우도 많다.

육식주의의 피해자에는 인간도 포함된다. 식육을 생산하는 공장의 일꾼들, 오염원을 배출하는 동물 밀집 사육 시설 부근의 주민들, 육류 소비자, 납세자 등 결국 우리 모두가 피해자다. 식육 공장 노동자들은 피와 기름으로 범벅된 작업장에서 하루 대부분의 시간을 보내며, 가축 해체 공정의 무자비한 속도 때문에 늘 부상의 위험에 노출되어 있다. 동물 밀집 사육 시설의 작업자들은 축적된 오물에서 나오는 유독성 가스 때문에 호흡기 질환, 생식 기능 관련 질병, 신경 변성, 발작 등 여러 가지 질병을 앓을 위험이 높다. 밀집 사육 시설 부근 주민들은 아황산염과 질산염을 포함한 공장 폐기물에 중독돼왔고, 역시 여러 가지 질병에 노출되어 있다. 육류 소비자들이 소비하는 고기에는 합성 호르몬, 과다한 양의 항생제, 발암 물질로 확인된 독성 살충제, 제초제, 살균제, 치명적일 수 있는 박테리아나 바이러스, 독극물을 먹은 쥐의 시체, 흙, 털, 분변 따위의 온갖 물질이 들어가기도 한다. 식품 안전성이 대단히 위험할 수밖에 없다. 국제 인권 운동 단체인 휴먼라이츠워치Human Rights Watch는 2001~2002년도 미국 농무부 보고서를 검토한 후 미국에서 가장 큰 정육 업체의 하나인 네브라스카 비프 사가 기본적인 위생 기준을 지키지 않았다고 밝혔다. 네브라스카 비프 사는 유해 대장균에 감염된 고기를 먹은 소비자 50명이 발병한 다음인 2008년 6월에 25만 킬로그램의 쇠고기 분쇄육을 리콜했다. 그 후 자사의 상품이 안전하다고 주장했으나 채 한 달도 안 돼 다른 감염 사태로 다시 54만 킬로그램의 오염된 고기를 리콜해야 했다.

폭력성과 위험성에도 불구하고 육식주의 이데올로기가 유지되는 것은 축산업이 (적어도 미국에서) 대기업들에 의해 독점적으로 운영되고 있으며(4개의 쇠고기 정육 회시기 미국 쇠고기 시장의 83.5퍼센트를 장악했다), 이들이 정부와 유착 관계에 있기 때문이다. 관계 부처 관료들과 대기업 임원들은 '회전문 인사'를 통해 네트워크를 유지하고 있으며, 2008년에 미국 축산업계는 800만 달러가 넘는 돈을 국회의원 후보자들에게 헌금했다고 한다. 그러니 비윤리적이고 반환경적인 문제는 무마되기 일쑤다. 무관심과 정신적 마비가 육식주의를 계속 재생산시키는 것이다.

그러나 이제 육식주의 이데올로기는 도전받고 있다. 환경 위기에 대한 인식이 확산되었고, 동물 복지에 관한 우려가 커졌으며, 채식주의의 중요성과 대중적 인기 또한 높아지고, 육식주의와 채식주의에 대한 정보를 접하기가 쉬워졌기 때문이다. 더 많은 정보와 실상이 대중에게 노출되면, 그동안 실체가 없는 것처럼 자신을 은폐해서 공격을 피할 수 있었던 육식주의라는 이데올로기는 객관적 평가와 비판, 그리고 치열한 검증을 견뎌야만 할 것이다.

3장

**낭만적 생태주의**

**1**

# 근본 생태주의

### 확장된 자아의 자기실현

근본 생태주의Deep Ecology라는 용어는 노르웨이의 과학 철학자 아르네 내스Arne Naess가 1973년 발표한 〈외피론자 대 근본론자—장기적 관점의 생태운동The Shallow and the Deep, Long Range Ecology Movement〉이라는 논문에서 처음 사용되었다. 내스는 이미 발생한 환경 오염 문제의 해결에만 관심을 두는 외피적인 생태 운동과 비교하여 자신이 주장하는 근본 생태주의 운동은 다음과 같은 일곱 가지 특징을 지닌다고 주장했다. 첫째, (환경과 동떨어진) '환경 속의 인간'이라는 이미지를 거부하고 (환경과 인간의 구분이 아닌) 관계로서의 '전방위 이미지'를 선호한다. 유기체들은 생물권이라는 그물망, 혹은 본질적인 관계망의 매듭이다. 둘째, '원칙상' 생물 평등주의를 지향한다. 원칙상이라는 말이 붙은 것은 다른 생물을 죽이고 약탈하고 억압하는 것이 어느 정도는 불가

> **근본 생태주의**
> '심층 생태주의'라고 번역되기도 하는데, 이는 일본식 번역이다. 그리고 심층이라는 말은 물리적 깊이를 나타내는 말이기는 하지만, 용어를 처음 사용한 아르네 네스의 의도를 고려해본다면 근본적radical이라는 의미로 사용하는 것이 바람직해 보인다. 네스는 생태 문제가 위기 상황에 처해 있으며, 이를 해결하지 않으면 인류는 파국으로 치달을 것으로 보았기 때문에 대단히 근본적인 문제 해결, 즉 패러다임 전환을 요구했다. 이런 점을 고려해본다면 '근본'이라는 관형사를 붙이는 것이 타당할 것이다.

피하기 때문이다. 셋째, 양자택일의 논리가 아니라 다양성과 공생의 원리를 추구한다. 넷째, 인간이나 생명체를 착취와 피착취 계급으로 구분지어 인식하는 입장 혹은 그렇게 되는 구조에 반대한다. 착취하는 일이나 착취당하는 일 모두 자기실현에는 부정적이기 때문이다. 다섯째, 오염과 자원 고갈에 반대한다. 여섯째, 복잡성을 지향하지만 이는 뒤얽힘과는 구별되어야 한다. 복잡성은 생물권에서 생명 현상이 가진 특징들을 의미하며, 하나의 체계를 형성하기 위해 함께 작동한다. 인간 사회에 적용해보면 복잡한 경제를 선호하고 여러 가지 생활 수단과 방식들이 통합된 다양성을 지향하는 것이라고 할 수 있다. 일곱째, 지역의 자율성과 분권화를 지향한다. 생명체는 소규모 지역 단위에서 생태적인 균형에 도달할 수 있기 때문에 지역의 자치 정부와 함께 물질적이고 정신적인 자기 충족을 강화하려는 시도를 지지한다. 물론 이러한 노력들은 분권화를 향한 힘을 전제로 하는 것이다.

이러한 원칙들 위에서 근본 생태주의자들은 '이기적인 개인self'과 '포괄적인 혹은 확장된 자기Self'를 서로 다른 것으로 구분하고, '자기실현Self-realisation'을 근본 생태주의의 핵심적인 규범 체계로 정의한다. 이기적인 개인들은 타자를 자신과 분리해 생각하지만, 포괄적인 자기는 타자를 자신과 동일하게 취급하면서 타자를 자신 속에 포함시킨다. 자기실현의 규범은 생물 평등주의와 연계해 이해되어야 한다. 즉, 인간을 자연과 따로 떼어놓고 생각하는 것이 아니라 확장된 자아로서 생명권 전체를 이해하고 이 속에서 개별 생명체들이 자신의 내재적 가치를 실현하는 것이 규범적으로 옳다고 보는 것이다. 이러한 발상은 서구 사상을 지배했던 이분법적인 '지배의 관점'(인간의 자연 지배, 남성의 여성 지배, 부자의 빈자 지배, 서양의 비서양 지배 등)을 해체하는 것이다.

### 단순하고 풍요로운 삶, 그리고 계획된 사회

근본 생태주의자들은 확장된 자아의 자기실현을 대단히 중요한 가치로 여기기 때문에 정치적 기획이나 활동보다는 질적인 가치의 회복, 생태 의식의 고양, 생활 양식의 전환 등에 치중하는 경향을 보인다. 중요한 것은 외향적인 직접 행동(세계에 대한 직접적인 행동)과 내향적인 직접 행동(자아에 대한 행동) 간의 상호 작용이다. 그런데 생명 평등적 세계관, 혹은 확장된 자아의 세계 속에서 무엇이 안이고 무엇이 밖인지를 명확히 구분하기는 사실 어려워 보인다. 그럼에도 불구하고 이들은 외향적인 직접 행동을 '생태 저항'이라고 한다. 생태 저항은 의식 변혁을 전제하는데, 이 과정에서 핵심 원리는 실천과 비폭력 참여이며, 내용은 다른 종들과 유대 관계를 맺고 그들에 대한 책임감을 떠안는 것이다.

생태 근본주의의 핵심은 인성의 변화이다. 인성의 변화를 도외시한 채 환경 보호를 위해 기업에 대한 국가의 규제를 강화하면 생태 파시즘으로 빠지기 쉽고, 국가가 책임을 방기하고 환경 보호를 시장에만 맡겨둔다면 이윤 창출을 최우선으로 하는 환경 산업만 늘어날 뿐이다.

근본 생태주의에서 지향하는 생활 양식은 단순한 수단으로 풍요로운 목적을 달성하는 것이다. 이것은 내핍 생활을 한다거나 금욕 혹은 자기 부정을 근간으로 하는 스파르타식 윤리가 아니라, 생태적인 의식을 고양시키고 지역의 생태적 통합성을 보호하면서 풍성한 생활을 지향하는 것이다. 그런데, 도시에 익숙한 사람들이 갑작스럽게 이런 생활, 예컨대 소로가 월든 호숫가에서 살았듯이 살기는 어렵다. 일정한 적응 기간이 필요한데, 내스는 그것을 '프릴루츠리브friluftsliv'에서 찾아야 한다고 보았다. 프릴루츠리브란 노르웨이어로 '야외 여가 생활'을 의미한다. 프릴루츠리브를 통해 모든 생명체와 자연 풍경을 존중하고 인간과 자연의 동일성, 친밀성 등을 확인하며, 인간의 자조自助 능력을 향상시킬 수 있다는 것이다. 여기서는 인위적인 기술과 생활 도구를 거부하고, 자연적인 생활 양식을 시도해야 한다.

근본 생태주의자들은 자신들이 생각하는 정치적 목적을 달성하기 위해 '계획된 사회'가 필요하다고 말한다. 그러나 이 계획된 사회는 사회주의에서 말하는 제도적 규제나 자본주의에서 볼 수 있는 국가의 개입을 의미하는 것이 아니다. 이들이 말하는 규제는 내적인 규제이다. 그러므로 생태 근본주의에서는 인성의 변화가 모든 것의 핵심이다. 인성의 변화를 도외시한 채 환경을 보호한답시고 기업에 대한 국가의 규제를 강화하면 결국 생태 파시즘Eco-fascism으로 빠지기 쉽고, 반대로 국가가 책임을 방기하

> **《멍키렌치 갱》**
> 미국의 환경 운동가인 에드워드 애비Edward Abbey가 1975년에 쓴 소설. 이 작품에서 애비는 기계에 멍키 스패너를 던져 넣어 생산 라인을 멈추게 하는 사보타지를 '멍키렌칭'이라고 부르고, 환경 보호를 위해서는 멍키렌칭과 같은 게릴라 활동이 필요하다고 주장했다.

> **생태 테러리즘**
> 생태 테러리즘이란 급진적 환경 보호 단체 등이 환경 보호를 위해 과격한 수단을 동원하는 것도 서슴지 않는 행위를 말한다. 1986년 미국의 해양 동물 보호 단체인 '시 셰퍼드Sea Shepherd'가 아이슬란드 레이캬비크 항에 정박한 포경선 두 척의 바닷물 흡입구를 열어 침몰시킨 사건이 생태 테러의 시발점이다.

고 환경 보호를 시장 기능에만 맡겨둔다면 이윤 창출을 최우선으로 하는 환경 산업만 늘어날 뿐이다.

### 극단적인 인간 혐오

하지만 예외적이고 극단적인 성향을 보이는 근본 생태주의자들도 있다. 이들은 생물 평등성을 지나치게 확장시켜 인간에 대한 적대감을 정치적으로 표출한다. 예를 들어 근본 생태주의 단체 '어스 퍼스트!Earth First!'는 과격한 직접 행동을 선호한다. 이 단체는 미국의 급진적 환경 운동의 도화선이 된 소설 《멍키렌치 갱Monkey wrench Gang》의 영향을 받아 탄생했으며, 지구의 자연을 보호하기 위해서는 소설에 나오는 것과 같은 생태 테러리즘eco-terrorism이 필요하다고 보았다. 어스 퍼스트!에서 발행한 현장 활동 지침서에는 굴착기나 운반기의 크랭크 케이스에 연마재 쏟아붓기, 연료 탱크에 시럽 붓기, 벌목할 때 위험해지도록 나무에 대못 박기, 측량 말뚝 뽑기, 벌목용 임도 파괴하기 등이 구체적인 행동 사례로 나와 있다. 심지어 이 단체는 지구에 부담을 주는 인구를 줄일 수 있다는 점에서 에이즈나 기아 따위를 환영한다. 어스 퍼스트! 회원들 사이에서는 더욱 강력한 행동이 필요하다는 주장이 나왔고 그 결과 1992년에 단체의 이름을 '지구해방전선ELF · the Earth Liberation Front'으로 바꿨다.

어스 퍼스트! 단체 로고

소설 《멍키렌치 갱》의 표지

R. 크럼브, 〈에드워드 애비의 멍키렌치 갱〉

　물론, 이러한 극단적 인간 혐오가 근본 생태주의의 일반 성서는 아니다. 근본 생태주의자들은 자연에 대한 인간의 오만한 자세와 시선이 거두어지기를 바란다. 인간의 이익과 인간 외적 존재의 이익을 조화시키려는 것이 근본 생태주의의 대표적 정서이다.

# 2

## 생태 파시즘

### 구명선 윤리와 공유지의 비극

생태 파시즘은 생태 위기의 원인 진단과 문제 해결을 위한 정치적 수단의 선택에서 '파시즘적 경향'을 보이는 정치 이데올로기를 뜻한다. 자원의 유한성과 성장의 한계를 고려하고, 환경 문제의 근본 원인으로 인구 증가 문제를 꼽는, 즉 심각한 생태적 위기에 직면하여 인류의 생존을 최우선 가치로 놓으면서 다른 정치적 가치를 희생하는 이데올로기인 것이다. 여기서 '파시즘적 경향'이라고 말한 것은 생태 파시즘이 1차 대전 이후 등장했던 파시즘을 그대로 복제하는 것이 아니라 '파시즘의 등가물equivalent'로서 기능하고 있다는 점을 강조하기 위해서이다. 이것은 파시즘을 고정된 정치 이데올로기로 보는 것이 아니라 하나의 살아 있는 운동으로 파악한다는 뜻이며, 조건이 형성되기만 하면 언제든지 세력을 확대하여 퍼져 나갈 수 있는 것으로 이해한다

> **파시즘**
> 파시즘을 정의하기란 대단히 어려운데, 로저 그리피스 Roger Griffith는 "파시즘은 정치 이데올로기의 일종이며, 그 이데올로기의 다양한 변형 속에 존재하는 본질적 핵심은 대중주의적 초국가주의이다"라고 간결히 정의했다. 파시즘이라는 정치 이데올로기가 복잡하고 혼란스러운 까닭은 파시즘 운동을 구성하는 집단이 대단히 변덕스러우며, 파시즘이 하나의 강령에서 출발한 것이 아니라 정치적 목적을 달성하기 위해 다분히 편의적으로 이용되었고, 그 형태가 나라마다 달랐기 때문이다. 심지어 파시즘 지도자들은 체계적인 강령을 경멸하기까지 했다.

는 뜻이다. 즉, 생태 파시즘은 과거에만 존재했던 이데올로기가 아니라 현재에도 그리고 미래에도, 또한 유럽에서만이 아니라 아프리카와 아시아, 그리고 우리나라에서도 나타날 수 있는 파시즘 운동의 한 형태인 것이다.

생태 파시즘의 철학적 입장은 '구명선 윤리life boat ethic'라는 용어로 집약될 수 있다. 구명선은 배가 난파되었을 때 승객을 구조하는 비상용 선박인데, 대개의 경우 탑승 인원 제한과 긴박한 상황 탓에 모든 승객을 구하는 것은 불가능하다. '구명선 윤리'에 따르면 배가 난파되었을 때 먼저 구명선에 올라탄 사람들은 구명선이 다 차면 물에 빠진 다른 사람들을 더 이상 건져줘서는 안 된다. 그들을 건지려다가 구명선에 탄 사람들까지 모두 위험에 빠질 수 있기 때문이다. 생태 파시즘은 현재 지구가 직면한 생태 위기를 난파된 배에 비유하고, 구명선에 탑승 제한이 있듯이 지구의 가용 자원에도 수용력carrying capacity의 한계가 있기 때문에 일정한 통제가 필요하다고 주장한다. 그런데 문제는 제1세계의 부자, 지식인 등을 비롯한 기득권 세력이 빈민층이나 제3세계 사람들의 인구를 제한하거나 원조를 금지하는 데 이러한 통제를 활용한다는 것이다. 이러한 구명선 윤리를 극명하게 보여준 사람이 개릿 하딘Garret Hardin과 폴 에를리히Paul Erlich이다.

하딘은 1968년 《사이언스Science》지에 발표한 〈공유지의 비극

생태 파시즘을 풍자한 포스터

**수용력**
일정 생태계 또는 서식지의 회복 불가능한 훼손 없이 지탱될 수 있는 한 종족 또는 몇 개 종족의 최대 개체군 밀도의 상한을 의미한다. 쉽게 말하면 한 서식지가 감당할 수 있는 개체수의 최대치를 말한다.

---

Tragedy of the Commons〉이라는 유명한 논문에서 다음과 같은 우화를 통해 구명선 윤리를 잘 보여주었다. 어느 공유지에 몇 마리의 소가 한가롭게 방목된다. 공유지에는 소유주가 없기 때문에 시간이 지나면서 차츰 더 많은 소가 들어오는데, 어느 순간에 소가 먹는 풀의 양과 질이 우수하게 유지될 수 있는 한계(수용 능력의 한계)에 도달하여 일정한 평형을 유지하게 된다. 그런데 목동이 욕심을 부려 공유지에 소 한 마리를 더 집어넣는 순간 이 공유지의 수용 능력은 한계에 이르고 과잉 방목이 되어 공유지의 균형이 붕괴된다. 하딘은 이러한 불행을 막으려면 계몽된 소수의 사적 소유를 인정하고, 대중의 접근을 막을 뿐만 아니라 궁극적으로 대중의 규모도 줄여야 한다고 주장한다.

에를리히는 환경 문제의 가장 근본적인 원인이 인구 증가에 있다고 보았다. 그는 '인구 폭탄'이라는 과격한 용어를 사용하면서 인구 성장이 자원 고갈을 초래하여 결국 서구 사회의 삶의 질을 떨어뜨리므로 '인구 성장 정지 운동Zero Population Growth Movement'이 필요하다고 주장했다. 사람들의 자율에 맡겨놓으면 현재의 인구 수준을 유지하기 어렵기 때문에 강제적인 산아 제한 정책이나 반反인구 성장법 같은 인위적 장치가 필요하다는 것이다. 에를리히가 제안한 정책에는 '아이를 낳아 기르는 데 벌금을 부과하기 위해 조세법을 고치는 것', '학교에서 의무적으로 산아 제한 교육을 하는 것', '로마 교황청과의 관계를 끊어버 생태 파시즘은 현재 지구가 직면한 생태 위기를 난파된 배에 비유하고, 구명선에 탑승 제한이 있듯이 지구의 가용 자원에도 수용력의 한계가 있기 때문에 일정한 통제가 필요하다고 주장한다.

---

리는 것' 등이 있다. 그런데 에를리히를 비롯한 사람들이 주장하는 인구 증가 억제는 사실 자국(대체로 선진국)보다는 제3세계를 겨냥한 것이다. 그들은 인구 통제를 거부하는 제3세계 국가에는 식량 원조를 중지해야 한다고 말한다. 식량을 원조해주면 결국 과잉 출산을 초래하기 때문에 인류 전체를 불행하게 만들 수 있다는 것이다.

이들의 주장은 지구의 생태 위기라는 두려운 상황을 타개하기 위해서는 그 원인이 되는 (공공의 적인) 인구 증가를 폭력적이고 강제적인 방법을 사용해서라도 막아야 하고, 특히 가난한 사람들, 제3세계의 식민지에서 무지몽매한 탓에 인구 통제를 하지 못하는 사람들에 대해서는 인류 전체의 복지를 위해 원조를 끊음으로써 계획적 대량 학살을 유도·방치해야 한다는 것이다. 이는 전형적인 파시즘 논리가 아닐 수 없다.

# 3

## 생태 공동체주의

### 만물은 서로를 돕는다

'생태 공동체주의ecological communalism'의 범위는 다소 포괄적인데, 이 안에는 유토피아적 사고, 아나키스트적 사고, 인간과 자연의 공동체적 연대, 더 정확하게는 생태계에 인간 사회를 적응시키는 것을 진보로 이해하는 사고들이 모두 포함된다. 서구 정치사상의 전통에서 이 개념의 연원을 추적해보면 로마 제국 붕괴 이후 수립되었던 누르시아의 성 베네딕트 수도원에서 시작되어, 토머스 모어Thomas More의 저서 《유토피아》, 윌리엄 고드윈William Godwin과 표트르 크로포트킨Pyotr Kropotkin 등의 아나키스트 사상으로 이어진다.

사회학자 로버트 니스벳Robert Nisbet은 생태 공동체주의의 특징을 다섯 가지로 정리했다. 첫째, 자연이 이상적인 규제자로 작동한다고 본다. 즉, 자연은 정상적이고, 고유한 속성이며, 외부 요

토머스 모어

소나 인간의 악행에 방해받지 않고 시간이 되면 성장하는 것으로 이해된다. 둘째, '생명의 그물web of life'이라는 개념을 공유한다. 인간과 땅이 긴밀하게 연계되어 있듯이 모든 존재들 간의 긴밀한 연결과 조화로운 균형을 강조하며, 인간은 이 거룩한 질서의 일부분으로 이해된다. 조화로운 균형은 사고와 노동, 공장과 농장, 정신과 육체, 문화와 자연으로 구분되던 현대적 이분법을 넘어서려는 노력으로 이어진다. 셋째, 탐욕과 경쟁을 거부하고 공동체에 기반을 둔 협동적인 삶과 노동의 모델을 장려한다. 크로포트킨이 주장하듯이 인간 사회의 진화와 발전에는 '상호 경쟁'이 아니라 '상호 부조扶助'가 더 중요한 역할을 했다. 넷째, 생태적 공동체에는 임의적인 권위나 강제, 억압적인 법률은 없지만, 그렇다고 해서 질서나 규율이 없는 것은 아니다. 생태적 공동체의 구성원들은 자율적으로 규칙을 정하고 이를 자발적으로 준수하며 스스로 부여한 (특정한 지역에 형성된) 권위에 복종한다. 다섯째, 분명하고도 단호한 단순성을 강조한다. 복잡한 조직이나 복잡성은 정신과 육체, 그리고 영혼의 바람직한 조화를 해치는 것으로 비난받는다.

윌리엄 고드윈

크로포트킨

생태 공동체주의는 많은 부분에서 근본 생태주의와 철학적으로 유사하다. 그러나 자기실현을 중시하면서 개인의 실천을 강조하는 근본 생태주의와 달리 생태 공동체주의는 공동체성, 상호 의존성, 생태적 영성, (생태적 범주로서의 장소에 대한) 장소감 크로포트킨은 진화에 유리한 사회적 여건의 존재 여부가 투쟁과 경쟁보다 더 중요하며, 이러한 측면에서 상호 협력적인 공동체가 인간의 진화와 발전에 유리하다고 보았다.

sense of place 등을 강조한다. 생태 공동체주의의 전형적인 특성은 아나키스트였던 크로포트킨의 주장에서 잘 드러난다.

크로포트킨은 속류 다윈주의자들이 다윈의 진화론을 왜곡해서, 생존을 놓고 벌이는 투쟁만이 동물이나 인간 사회의 자연적 법칙이라고 주장하는 것을 비판한다. 그는 동물이나 인간의 진화에는 상호 투쟁도 있지만, 상호 부조와 상호 지지의 법칙 역시 존재하며, 종의 유지와 진화에는 상호 투쟁보다 상호 부조가 더 적절했다는 것을 생물학적 근거를 들어 제시했다. 다윈은 최대한 협력을 잘하는 구성원들이 많은 공동체일수록 더 번창하고 더 많은 자손을 부양한다고 주장했다. 즉, 다윈 역시 적응을 위해서는 공동체 차원의 상호 부조가 더 유리한 전략임을 보여주었다는 것이다. 이러한 생각은 '만인의 만인에 대한 투쟁', '우승열패優勝劣敗', '약육강식'과 같은 상호 투쟁이 인간 사회의 진실이라고 믿는 입장과 정반대이다. 상호 투쟁을 주장하는 사람들은 적자생존의 개념을 대단히 투쟁적인 의미로 해석하고 있지만, 실제로 여기서 '적자the fittest'는 투쟁보다는 협동을 통해 살아남은 존재라는 것이 크로포트킨의 생각이다. 그에 따르면, 1차 대전과 같은 참혹한 전쟁이나 여러 세력들 간의 비극적 투쟁이 역사의 한 단면이지만, 평화와 상호 부조의 아름다운 역사도 얼마든지 있었고 그것이 진화의 대단히 중요한 핵심이었음에도 불구하고 사람들은 의도적으로 이를 외면해왔다. 흔히 개인주의와 경쟁 원리의 승리가 현대적 공업 발전의 주요인이라고 여겨지지만, 크로포트킨이 보기에는 현대 공업의 발전에 중요한 관건이 되었던 것은 사회적 여건이다. "제임스 와트가 자신의 발명품을 실용화하는 데 20년 이상의 시간이 걸렸다. 그럴 수밖에 없었던 이유는 지난 세기에 중세의 피렌체나 브뤼헤에서라면 쉽게 구할 수 있었던 조건들, 즉 자신의 발명품을 금속으로 만들고 정밀 작업을 할 수 있는 장인들을 구할 수 없었기 때문이다."* 즉, 진화에 유리한 사회적 여건의 존재 여부가 투쟁과 경쟁보다 더 중요하며, 이러한 측면에서 상호 협력적인 공동체가 인간의 진화와 발전에 유리하다는 입장이다.

## 생태적 영성과 생태 신학

생태 공동체주의는 현대 공업 사회에 만연한 단절적이고 물질 지향적인 세계관을 비판하며, 이러한 세계관을 넘어서기 위해서는 영적 차원의 전환이 필요하다고 본다. 단순한 시각의 교정 정도가 아니라 새로운 영성이 필요하다는 것인데, 그 대안이 바로 생태적 영성ecological spirituality이다. 생태적 영성은 생태적 각성을 촉구하는 것이며, 각성의 핵심은 우주의 모든 것이 서로 연결되

---

* P. A. 크로포트킨, 《만물은 서로 돕는다》, 김영범 옮김(르네상스, 2005), 346~347쪽.

어 있다는 것, 그래서 너와 나를 구분하는 것은 인위적인 것이라는 사실을 알게 되는 것이며, 우주에 대해 전체론적holistic으로 사고하는 것이다. 이러한 생태적 영성은 내면의 성숙을 전제로 한다. 어린아이들은 자기 눈앞에 보이지 않으면 존재하지 않는 것이라고 생각하는데, 놀랍게도 현대 사회는 이러한 유아적 사고를 계속 하고 있다. 유독한 화학 물질이나 핵폐기물을 바다에 버리거나 땅에 묻으면 폐기물이 없어지는 것이 아니라 생태계의 여러 경로를 통해 내 삶에 영향을 끼치고 있음에도 불구하고 쓰레기를 제거했다는 환상을 갖고 있는 것이다. 눈에 보이는 것만이 아니라 보이지 않는 모든 것이 서로 연결되어 있다는 성숙한 사고를 통해 생태계에 대한 윤리적 책임을 지고자 하는 것이 생태적 영성의 발현이다.

생태적 영성을 중시하면서 이를 신학적으로 체계화한 것이 해방 신학자 레오나르도 보프Leonardo Boff의 '생태 신학'이다. 보프는 생태학을 현대적 세계관을 대체하는 하나의 패러다임으로 이해하며, 그가 이해하는 생태학은 전체론적 관점을 특징으로 한다. "생태적 위기는 우리의 생활 체제, 사회 모델, 발전 모델이 근본적으로 위기에 빠졌음을 보여준다."\* 생태학의 기본 전제는 "모든 것은 모든 점에서 다른 모든 것과 연관되어 있다"는 것이

---

\* 레오나르도 보프, 《생태 신학》, 김항섭 옮김(가톨릭출판사, 1996), 44쪽.

토머스 모어의 《유토피아》에 실린 지도

생태 공동체주의는 탐욕과 경쟁을 거부하고 공동체에 기반을 둔 협동적인 삶과 노동의 모델을 장려한다. 크로포트킨이 주장하듯이 인간 사회의 진화와 발전에는 '상호 경쟁'이 아니라 '상호 부조'가 더 중요한 역할을 했다.

### 양자 물리학의 발전에 따른 과학적 우주론

보프가 말하는 새로운 과학적 우주론은 물리학자 베르너 하이젠베르크Werner Heisenberg가 제시한 '비결정성非決定性의 원리'(원자 입자는 인과적 논리를 따르지 않고 개연성의 비결정 원리에 의해 형성된다), 물리학자 닐스 보어Niels Bohr가 제시한 '상보성의 원리'(현실은 음과 양, 여성적인 것과 남성적인 것, 부정적인 것과 긍정적인 것 등이 서로 보완하며 동시에 존재한다)에 기초한 우주론을 의미한다. 이 이론에 따르면 복잡하게 얽힌 우주는 역동적이며, 그 안의 모든 것들은 서로 관계되어 연루되어 있고 어떤 것도 우주 밖에 존재하지 않는다.

---

다. 보프는 우리가 직면한 생태 위기의 근본적 성격을 고려해볼 때, 그리고 상대성 이론과 양자 물리학의 발전에 따른 과학적 우주론에 비추어 볼 때, 영적 혁명이 불가피하게 요청된다고 보았다. 영적 혁명의 신학적 근거는 (인간의 개인적이고 실존적인 구원을 강조한) '구원 신학'의 그늘에 가려져 있던 '창조 신학'을 회복하는 데서 찾을 수 있다. 하느님의 형상을 따라 지은 인간이라는 의미는 신의 창조성이 그대로 이어졌다는 의미이며, "인간의 사명은 창조의 완성과 하느님의 선하심을 기념한다는 의미를 갖는 안식일의 휴식에서 절정을 이룬다. 노동이 아니라 쉼, 투쟁이 아니라 무상성과 즐거운 휴식에서 인간의 사명을 완성할 수 있다". 더 나아가 보프는 영적 혁명을 위해 우주와 인간의 마음에 살고 있는 성령에 주목한다. 성령이 모든 곳에 존재한다는 사고에 주목한 보프는 영적 혁명을 위한 신학적 근거로 '만유재신론萬有在神論, panentheism'을 복원하고자 한다. 만유재신론은 모든 것이 신이라고 하는 '범신론pantheism'과 달리 "하느님과 피조물이 항상 밀접하게 관련되어 있으나 동시에 서로 구별된다는 점에서 출발한다······모든 것이 신이 아니라 모든 것 안에 신이 있다"고 보는 것이다. 모든 것 속에 신성神性이 깃들어 있다고 보는 만유재신론의 사고는 땅을 어머니로, 들소를 형제로 생각하던 아메리카 원주민들의 세계관과 상당히 유사하다. 그들은 사물을 대상화하지 않고 그 안에 존재하는 신성에 주목함으로써 사물들과의 조화로

운 공존을 모색했다.

## 생물 지역주의 운동

생태 공동체주의의 실천은 '생물 지역주의 운동bioregionalism'으로 나타난다. 앞에서 설명했듯이 생태주의는 현대적 시간과 공간의 조직 방식에 대한 저항이라고 할 수 있다. 특히 질적인 시간 속에서 이뤄지는 인간의 실천을 통해 공간에 의미를 부여함으로써 물리적이고 추상적인 공간을 '의미 있는 장소'로 만들려는 시도를 한다고 볼 수 있다. 이때 장소로서 중요한 것이 바로 '생물 지역bioregion'이다. 생물 지역의 사전적 의미는 '생물 군집들 간의 경계'이지만 생태주의의 맥락에서는 '자연에 의해 지배되는 여가 지역이 아니라 삶의 영역 그 자체'로 정의된다. 즉, 지리적 영토, 생물학적 정체성, 공동체성, 영성 등을 중요한 구성 요소로 하며, '지리적 영토성'과 '의식의 영토성'이 중첩된 개념이다.

  장소로서의 생물 지역을 중시하는 생물 지역주의 운동은 주로 북미 환경 운동의 발전에 기여했으며, "특정한 생태계에서 인간 공동체와 비인간 세계의 통합을 추구하며, 이를 잘 보여주기 위해서 하나의 몸이라는 은유를 사용"*한다. 생물 지역주의의 요

---

* Robyn Eckersley, *Environmentalism and Political Theory : Toward an Ecocentric Approach*

### 토지 윤리
알도 레오폴드가 그의 저서 《모래 군의 열두 달》(따님, 2000)에서 제시한 것으로, 토지를 개발을 위한 자원이 아니라 삶의 터전 혹은 삶 그 자체로 보는 관점을 말한다. 토지 윤리에서는 보전이 강조되는데, 레오폴드는 위 책의 서문에서 "보전은 인간이 토양과 물, 동식물과 함께 공동체의 구성원이 될 때 가능하며, 개별 구성원들이 서로 의지하며 평등하게 자신의 몫을 차지하며 시민의 역할을 담당할 때 가능하다"라고 밝히고 있다.

---

체는 "경제·정치·사회적 삶이 자연 현상에 의해 결정된 지역에 맞게 조직화되어야 한다는 것"*이다. 이를 구체적으로 보여주는 것이 생태적 시민권ecological citizenship으로서, "개인들이 공간을 마음대로 변형하기보다는 그 생태 공간의 시민됨을 배우는 것"**이다. 이러한 태도는 인간을 생태 공동체의 정복자가 아니라 하나의 구성원으로 본다는 점에서 알도 레오폴드Aldo Leopold가 주창한 토지 윤리land ethics를 지역 수준에서 구현하는 것이라고 해석할 수 있다.

생물 지역주의 운동은 인간 사회가 자연 세계를 이해하고, 그러한 이해에 맞추어 다시 사회를 조정하는 것을 추구한다. 따라서 생물 지역주의의 실천 전략도 이러한 지향점에 맞춰져 있다. 문순홍은 생물 지역주의의 실천 전략을 크게 '다시 봄Reenvisioning', '다시 삶Reinhabitation', '다시 있게 함Restoration'으로 구분하여 제시한다. '다시 본다'는 것은 자연과 인간의 관계를 다시 성찰하는 것, 특히 관계망 속에서 자연을 다시 바라보게 되는 것이고, 이러한 자연은 바로 내가 사는 지역에서 시작되는 것이다. '다시 산다'는 것은 재정착을 의미하기도 하는데, 기존의 거주 과정에서 소외되었던 땅의 결정권을 회복시켜주는 것이라고 할 수 있다. 재

---

(Allbany, N.Y. : State University of New York Press, 1992), 167쪽.
* 문순홍, 《생태학의 담론》(아르케, 2006), 347쪽.
** 존 S. 드라이제크, 《지구환경정치학 담론》, 정승진 옮김(에코리브르, 2005), 282쪽.

정착 과정에서 그 장소만의 독특한 특징과 필요를 배우고, 어떤 종류의 인간 활동이 이를 지원하는지를 배우게 되는 것이다. 즉, 특정 지역의 지속 가능한 문화를 창조하는 과정이라고 할 수 있다. '다시 있게 한다'는 것은 흔히 '복원'이라고 번역되기도 하는데, 파괴된 생태계를 복구하는 것이라고 할 수 있다. 이러한 복원을 위해서는 새로운 감수성, 즉 생태적 감수성이 전제되어야 한다. 그리고 이러한 감수성으로 지역 생태계의 거주민들이 서로서로 책임을 다하면서 인간-자연 공동체를 형성해가는 것이 복원의 진정한 의미이다.* 문순홍은 "생물 지역의 정치 공동체에서 이루어지는 정치"를 가리켜 "생태적인 장소 정치"라고 부른다.

그런데 생물 지역주의 운동을 실제로 정치 전략으로 사용할 때는 문제가 드러나기도 한다. 지역이라는 것이 자연 생태계만을 경계로 해서 나누기가 어렵기 때문이다. 자연 생태계로서는 동일하지만 문화적으로 서로 다른 지역이 있고, 문화적으로는 유사하지만 자연 생태계는 서로 다른 지역이 있을 수 있으며, 자연 생태계가 상호 작용을 반복하면서 역사적으로 상호 침투하며 변해가는 경우도 많으므로 생물 지역을 기초로 정치적 전략을 수립할 때는 어려움이 나타날 수도 있는 것이다. 또한 지역의 공동체에만 초점을 맞출 경우, 민족 국가의 강력한 권력 행사에

---

* 문순홍, 《생태학의 담론》, 349~350쪽.

취약해질 수 있다. 따라서 다소 과도하게 단순화해 말하자면, 생태 공동체주의에 기초한 다양한 운동들은 민족 국가 혹은 세계적 자본 운동의 이러한 파괴적 성향을 돌파해야 하는 지난한 과제를 안고 있다.

# 성찰적 현대화론

### 위험 사회의 존재론적 불안

성찰적 현대화론을 낭만주의적 생태주의의 계보에 포함시키는 것에 대해서는 논란이 빚어질 수 있다. 그러나 현대적 합리성에 대한 급진적 성찰을 시도한다는 점에서, 특히 이러한 시도가 생태적 근거에 기반을 두고 있다는 점에서 성찰적 현대화론은 낭만주의적 생태주의의 하나로 자리매김될 수 있을 것이다. 성찰적 현대화 담론은 현대 과학 기술에 대한 전면적 반성이 필요하다는 입장을 견지한다. 이러한 입장은 이미 살펴보았듯이 일반적으로 '생태 지향주의적 자연관'이라는 전통 위에 서 있다. 생태 지향주의적 자연관은 낭만주의의 두 가지 특징인 보편주의에 대한 거부와 유기체적 세계관을 공유한다. 생태 지향주의적 자연관은 과학적 방법론을 사용하지만 결국 인간과 자연의 관계가 자연에 대한 지배와 착취에서 조화와 겸양의 관계로 전환되어야 한다고 주장한다. 성찰적 현대화론의 핵심 주장은 자연과 인간의 조화로운 관계를 실현하기 위해서 무엇보다 먼저 현대적 과학 기술을 체계적으로 의심하라는 것이다.

성찰적 현대화 담론에는 크게 세 종류가 있다. 앤서니 기든스 Anthony Giddens가 주장하는 탈전통화를 중심으로 하는 성찰적 현대화 담론, 울리히 벡Ulrich Beck이 주장하는 위험 사회론에 근거한 성찰적 현대화 담론, 스콧 래시Scott Lash가 주장하는 미학적 성찰로서의 성찰적 현대화론이 그것이다. 울리히 벡의 '위험 사회론'이 성찰적 현대화 담론의 낭만주의적 생태주의의 성격을 잘 드러내고 있다고 생각하여 여기서는 벡의 논의만 살펴보기로 한다.

앤서니 기든스

울리히 벡

울리히 벡은 기든스가 말하는 현대 사회의 '존재론적 불안'이라는 테제를 수용한다. 이 테제에 의하면, 전통 사회는 공동체적 속성이 있어서 구성원들이 서로 긴밀하게 연결되어 있고, 그 속에서 일종의 존재론적 안정감을 얻지만, 현대 사회는 서로 공유하는 이해관계에 의해 결합되기 때문에 이러한 안정감이 사라진다. 개인은 원자화되고 인간관계는 추상화되거나 탈인격화되는데 이 속에서 개인은 존재론적 불안을 느끼게 되는 것이다*. 그런데 울리히 벡은 현대 사회의 이러한 존재론적 불안은 기본적

---

* Anthony Giddens, *Beyond left and right : the future of redical politics*(Cambridge : Polity Press, 1994), 4~10쪽.

울리히 벡은 사회의 존재론적 불안이 생태 위기에서 비롯되었다고 본다. 그는 현대화가 초래한 생태적 위험과 불확실성이 상존하는 사회에 대해 '위험 사회'라고 이름 붙였다.

---

으로 생태 위기에서 비롯된 것이라고 본다. 그는 (단순한 혹은 일차적인) 현대화가 초래한 생태적 위험과 불확실성이 상존하는 사회에 대해 '위험 사회'라고 이름 붙였다.* 위험 사회는 공업 사회의 과학 기술에 근거하여 내린 결정으로 인해 '위험risk'과 '위협danger'이 등장하고 사회의 규범 체계가 자신이 약속한 안전을 보장할 수 없을 때 나타난다. 위험 사회의 정치적 특징은 갈등이 재화의 분배만이 아니라 재난 혹은 재앙의 분배를 둘러싸고 일어난다는 데 있다.

이 위험 사회의 영향은 시·공간적으로 무제한으로 나타나는데, 시간적으로 후세들에게 영향을 미치고 공간적으로는 전 세계에 영향을 미친다. 그러나 무엇보다도 중요한 것은 위험 사회의 결과에 대해 아무도 책임지지 않는다는 사실이다. 왜냐하면 기술적 능력이 커짐에 따라서 그 결과를 계산하기가 점점 더 불가능해지기 때문이다. 울리히 벡은 이것을 '조직화된 무책임성'이라고 부른다. 예컨대, 우리가 무분별하게 사용하는 화학 물질은 이제 남극과 북극, 아마존 밀림 지역, 깊은 바닷속까지 퍼져 있고, 그 파괴적인 영향이 얼마나 오래 지속될지는 알 수가 없다. 극심한 가뭄과 홍수, 태풍, 지진, 지진해일 같은 자연재해, 그리고 이로 인해 야기되는 인위적 재난은 날이 갈수록 우리의

---

* 울리히 벡, 《위험사회—새로운 근대성을 향하여》, 홍성태 옮김(새물결, 1997), 52~87쪽.

> **성찰적 현대화·재귀적 현대화**
> 울리히 벡의 성찰적 현대화론을 정확하게 번역하자면 재귀적再歸的 현대화론이라고 해야 옳다. 행위자의 행위 결과가 자기 자신에게 돌아온다는 의미를 가지고 있기 때문이다. 그러나 기든스와 래시의 용어인 성찰적Reflexive 현대화와의 연관성을 고려하여 영어식 표현인 성찰적 현대화론이라는 용어를 사용했다.

예상치를 뛰어넘지만, 이러한 사태들에 대한 책임을 물을 대상을 찾으려고 하는 것은 난망한 일이 되었다.

### 성찰적 현대화와 과학 기술 비판

그렇다면 위험 사회의 존재론적 불안을 해소하기 위해서는 어떤 실질적 처방이 필요한가? 벡은 존재론적 안전을 확보하기 위해 '성찰적 현대화'라는 개념을 제시했다. 성찰적 현대화론에서 말하는 성찰성은 전문가 체제에 대한 불신에 기초한다. 벡이 보기에 위험 사회의 성찰성이란 지식을 매개로 벌어지는 것이 아니라 '무지' 혹은 '인지하지 못함'을 매개로 하는 성찰성이다. 즉, 전문가들도 정확하게 생태적 위험의 정도를 알기 어려운 상황이기 때문에 이들의 분석과 판단을 믿지 못하고, 스스로 모든 것을 의심하고 성찰하는 행위자로 바뀌는 사람들이 늘어가는 것을 성찰적 현대화라고 하는 것이다.

벡은 근대 사회의 '정치Politik'가 '정치적인 것das politische'으로 변화하고 있으며, 이를 통해 성찰적 현대화가 진행되고 있다고 주장한다. 여기서 '정치'란 제도와 국가가 독점하고 있는 제도 정치를 의미하고 '정치적인 것'이란 제도와 국가에서 벗어난 생활 정치를 의미한다. 개인의 삶에서 심도 있는 성찰의 일상화와 이에 따른 '정치적인 것의 전면화' 현상을 그는 '개성화'라고 하는데,

> 개인의 삶에서 심도 있는 성찰의 일상화와 이에 따른 '정치적인 것의 전면화' 현상을 울리히 벡은 '개성화'라고 하는데, 바로 이 개성화가 성찰적 현대화의 동력이라고 할 수 있다.

바로 이 개성화가 성찰적 현대화의 동력이라고 할 수 있다. 즉, 개성화를 통해 공업 사회적인 자기 이해를 해체시킴과 동시에 기존의 제도에 대한 성찰로 자기 자신과 타자에 대한 새로운 이해를 발견하고 창조하는 것이 가능하다는 것이다. 따라서 벡의 성찰적 현대화는 생태 위기라는 존재론적 불안에 대한 정치적 대안으로서 개인적인 차원의 새로운 자기 이해와 새로운 사회적 관계를 제시하는 것이다. 따라서 성찰적 현대화는 서구의 현대 패러다임에 대한 자체적인 생태 비판이며, 과학 기술에 의한 생태 문제 해결이라는 낙관론에 대한 문제 제기라고 할 수 있다.

# 5

# 문화적 생태 여성주의

**생태 여성주의의 유래와 갈래**

생태 여성주의는 낭만주의 전통과 합리주의 전통에 모두 걸쳐 있기 때문에 우선 생태 여성주의의 기본 얼개를 소개한 뒤에 낭만적 생태 여성주의와 합리적 생태 여성주의를 각각 설명하고자 한다. 일반적으로 '생태 여성주의Eco-feminism'라는 용어는 1974년 프랑스 작가 프랑수아 드본Françoise d'Eaubonne이 출간한 《페미니즘인가 죽음인가Le féminisme ou la mort》에서 처음 쓰인 것으로 알려져 있다. 이 책에서 드본은 여성 억압과 자연 억압 사이에 직접적인 연관성이 있으며, 하나의 해방이 다른 해방과 밀접하게 연결되어 있다는 견해를 표명했다. 그러나 이 말이 쓰이기 전인 1970년대 초반부터 여성 해방 운동이 대안적 사회를 논의하는 과정에서 자연스럽게 생태 여성주의 운동으로 발전했고, 특정 저자가 이 용어를 만들었다기보다는 대중의 창작물로 보는 것이 타당하다고 보는 견해도 있다.

아주 단순하게 말하면 생태 여성주의는 여성주의와 생태주의가 결합한 것인데, 그 결합 방식은 여성주의의 종류가 다양한 만큼(자유주의 여성주의, 급진적 여성주의, 사회주의 여성주의, 아나키스트 여성주의, 실존적 여성주의, 포스트모던 여성주의 등) 다양한 갈래로 나눠질 수밖에 없다. 그레타 가드Greta Gaard는 복잡다단한 생태 여성주의가 등장하게 된 사상의 뿌리를 보여주는 흥미로운 그림을 제시했다. 다양한 여성주의 산봉우리에서 흘러 내려온 강물이 모여 다양한 갈래의 생태 여성주의라는 호수가 만들어졌고, 그 기저에는 영성과 정치가 들어 있다는 것이다. 위의 그림은 가드의 그림에서 사상적 측면만 따로 떼어 재구성한 것이다.*

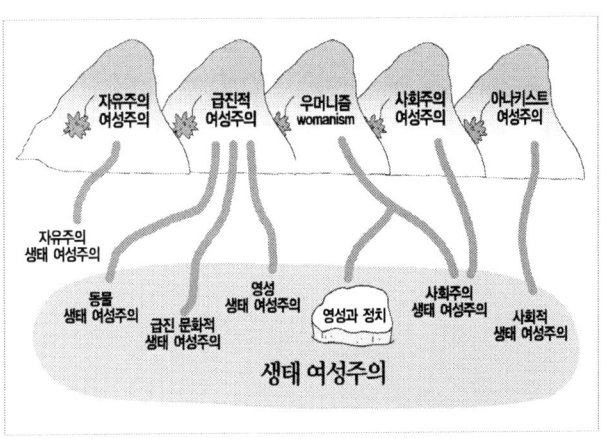

생태 여성주의의 지형도(그레타 가드의 그림 재구성)

---

* Greta Gaard, *Ecological Politics : Ecofeminists and the Greens*(Philadelphia : Temple University Press, 1998), 16쪽.

## 문화적 생태 여성주의와 사회적 생태 여성주의의 차이

이 문제는 사실 여성주의 내부의 오래된 논쟁에서 기원한다. 즉, 남성과의 평등을 주장할 것인가, 차이를 인정할 것인가의 문제이다. 예를 들어, 다음과 같은 중요한 질문들이 제기될 수 있다. 여성이 남성과 평등하다면, 어떤 남성들과 평등하다고 할 것인가? 어떤 문제에 있어서 평등하다고 할 것인가? 여성들은 기회의 평등을 주장해야 하는가, 아니면 결과의 평등을 주장해야 하는가? 그리고 만일 여성들이 차이를 인정한다면 그것은 생물학적 차이인가 아니면 특별한 사회적·경제적 조건의 결과에서 비롯되는 차이인가?

---

이 그림을 통해 생태 여성주의의 호수에 흘러 들어온 강물들의 줄기를 알 수 있다. 대표적으로 급진 문화적 생태 여성주의, 동물 생태 여성주의, 영성 생태 여성주의 등이 낭만주의 전통을 따르면서 급진적 여성주의의 영향 아래 발달했으며, 사회주의 생태 여성주의나 사회적 생태 여성주의 등은 사회주의 여성주의나 아나키스트 여성주의의 영향 아래 발달한 것을 알 수 있다. 이 책에서는 전자를 '문화적 생태 여성주의'로, 후자를 '사회적 생태 여성주의'로 부를 것이다(이러한 구분은 존 드라이제크에 다른 것이다). 문화적 생태 여성주의와 사회적 생태 여성주의는 대단히 중요한 지점에서 차이를 보인다. 이들은 여성과 자연의 연결점들이 생물학적이고 심리적인 것인지, 아니면 사회적이고 문화적인 것인지에 대해서 의견을 달리한다. 또한 자연과 여성의 본질적이고 생물학적인 연관성을 중시하는지, 아니면 경계하거나 경시해야 하는지에 대해서도 입장이 다르다. 즉, 문화적 생태 여성주의는 여성과 자연의 연결점들이 주로 본질적인 측면과 관련되어 있으며(문화와 사회를 초월하는 자연의 본질, 인간의 본질 등이 있다고 보는 본질주의적 성향), 이를 존중하고 복원해야 한다고 보는 반면, 사회적 생태 여성주의는 여성과 자연의 연결점들은 사회적으로 구성되는 것이기 때문에(무엇이 자연적인 것이고, 또 여성적인 것인지는 사회적으로 구성된다) 이 연결 방식에 대해 비판적으로 접근해야 한다고 생각한다.

## 여성과 자연의 연관성

생태 여성주의는 여러 측면에서 근본 생태주의와 유사한 측면이 있지만, 생태 여성주의자들은 근본 생태주의자들이 중요한 점을 오해하고 있다고 본다. 생태 여성주의자들이 보기에 현재의 생태 위기를 비롯한 문명사회의 위기는 서구 세계의 인간 중심주의 때문이 아니라 남성 중심주의 때문이다. 가부장제의 위계질서적이고 이원적이며 억압적인 사고방식은 여성과 자연 모두에게 해를 끼쳤다. 문화적 생태 여성주의자 캐런 워런Karen Warren에 의하면 여성은 '자연화'되고 자연은 '여성화'되는 과정에서 서로 긴밀하게 연결된다. 즉, 여성은 "암소, 여우, 병아리, 뱀, 암캐, 비버, 늙은 박쥐, 고양이" 등으로 묘사될 때 자연화되는 것이며, 자연은 남성들에 의해 "겁탈당하고, 정복되고, 침범되고, 파괴되고, 침투되고, 지배되거나 어머니의 품이나 대지 등으로 추앙받을 때" 여성화되는 것이다.

문화적 생태 여성주의자들은 돌봄, 양육, 직관성 등 전통적으로 여성과 연관되는 속성들이 사회적으로 구성되는 것이 아니라 여성의 생물학적이고 심리학적인 경험의 산물이라고 보며, 이러한 경험이 남성들에 의해 평가 절하 된다는 사실을 문제 삼는다. 따라서 문화적 생태 여성주의는 전통적인 남성적 덕목 대신 여성적 덕목이 더 우월하게 취급되는 사회가 덜 공격적이면서 지

마녀재판을 묘사한 그림

속 가능한 사회가 될 것이라고 보고, 문화/남성에 비해 자연/여성이 동등하거나 더 우월하다고 생각한다.

초기 문화적 생태주의의 이론적 토대를 제공한 메리 댈리Mary Daly는 여성이 가지고 있는 영적 본질을 강조했는데, 그녀는 여성에 대한 남성의 범죄(중국의 전족纏足 풍습이나 유럽의 마녀재판 등) 목록을 제시하고 이것이 자연에 대한 범죄 혹은 오염의 뿌리라고 보았다. 댈리는 여성들에게 영적인 여행을 계속 하라고 권고한다. 여성들은 동물이나 나무, 바다와 같은 다른 자연의 존재들과 같이 대지에 뿌리를 내리고 조화를 이루는 반면 남성들은 우주의 자연적 조화와 근본적으로 분리되어 있기 때문에 여성만이 이러한 영적인 여행을 떠날 수 있다는 것이다.

한편, 또 다른 문화적 생태 여성주의자 수잔 그리핀Susan Griffin은 여성과 자연의 생물학적 연관성을 신봉하지는 않지만 여성과 자연 사이에 심오한 존재론적 연관성이 있다는 점은 인정한다. 그리핀은 상징적 언어를 선호하며, 시적인 언어로 표현하기를 즐겼다. 그녀는 "우리는 자연을 바라보는 자연이다. 우리는 자연의 개념을 지닌 자연이다. 울고 있는 자연, 자연에게 자연을 말하는 자연이다"*라고 말하는데, 이는 근본 생태주의에서 살펴보았던 소로의 입장과 유사하다고 볼 수 있다. 그러면서도 그리핀은 남성과 여성의 차이를 날카롭게 구분한다. "남자들은 여성과 자연으로부터 단절되어 따로 떨어져 있다. 세 마리 곰이 사는 집을 찾아간 골디락스, 늑대와 대화를 나눴던 빨간 모자 소녀, 사자와 친구가 된 도로시, 새와 이야기를 나눈 백설공주, 쥐를 자기편으로 삼은 신데렐라, 반은 인간 반은 물고기였던 인어공주, 두더지의 에스코트를 받은 엄지공주, 모두 하나같이 여자였다. 우리는 새의 알이다. 우리는 나비의 애벌레다. 우리는 여성이고 자연이다. 그리고 남자들은 우리들이 나누는 이야기를 들을 수 없다고 말한다."** 그리핀은 플라톤의 위계 서열적이고 이원론적인 세계관, 특히 정신이 물질보다 우월하고, 남성은 정신이고 여성은 육체라서 여성이 열등하다고 보는 서구 사상을 불행한

---

* Susan Griffin, *Woman and nature : the roaring inside her*(New York : Haper & Row, 1978), 226쪽. 로즈마리 퍼트남 통, 《페미니즘 사상》, 이소영 옮김(한신문화사, 2000), 490쪽에서 재인용.
** 수잔 그리핀, 〈여성과 자연〉, 존 저살 엮음, 《문명에 반대한다》, 정승현 옮김(와이즈북, 2009) 455~456쪽.

것이라고 보았다. 그녀는 여성들에게 남성들의 이원론적인 세계관에서 벗어나서 다시 자연(물질과 영혼이 하나로 합쳐지는 동굴, 사람들의 진정한 안식처)로 되돌아갈 것을 촉구했다.

### 직접 행동

문화적 생태 여성주의자들의 정치적 전략은 직접 행동이다. 미국의 경우 1980년 4월에 '지구 위의 여성과 생명—80년대의 생태 여성주의'라는 주제의 회의를 개최하고, 뒤이어 11월까지 펜타곤 건물을 에워싸는 집회를 지속적으로 열었다. 문화적 생태 여성주의의 정치적 특징은 위험한 과학 기술(문화)에 대한 여성들의 직접적인 투쟁이다. 여성들이 위험하다고 생각한 기술은 농약, 유해 폐기물, 방사능, 가정의 화학 물질 등인데, 그동안 이러한 위험한 과학 기술이 여성의 생식 기관과 생태계에 미치는 영향들이 무시되어왔기 때문에 기형아와 다양한 암이 발생했고 결국 지구상의 모든 생명이 말살될 위기에 처했다고 본다. 대표적인 것이 '러브 커낼Love Canal' 사례이다.

  러브 커낼은, 1890년대에 윌리엄 러브William Love라는 사업가가 나이아가라 폭포에서 대서양을 잇는 운하를 파다가 재정적 위기를 맞아 공사를 중단했는데, 이때 생긴 커다란 웅덩이다. 이 땅을 1940년대에 '후커 케미컬Hooker Chemical'이라는 회사가 사들여

이곳에 약 2만 2천 종의 유해한 화학 폐기물을 묻었으며, 심지어 2차 대전 중에는 핵무기 개발 과정에서 발생한 폐기물도 버렸다고 한다. 1953년에 후커 케미컬은 버펄로 시 교육위원회에 형식상의 돈 1달러를 받고 매립지를 기증했으며, 시에서는 여기에 도시를 세우고 학교를 건립했다. 그런데 1970년대부터 학교 지하실에서 이상한 물질이 스며 나오고 하수구가 검은 물질에 의해 부식되는 일이 생겼다. 로이 깁스Lois Gibbs라는 여성은 자신의 아이가 학교에 다니면

항의 시위 중인 러브 커낼 인근 지역 주민

서 간 질환과 신장병, 만성 천식 등을 앓고 이와 유사한 증세가 이웃 아이들에게도 발견되자 학부모들을 조직하여 학교 폐쇄를 청원히는 캠페인을 전개하고, 당국의 조사를 요구했다. 이에 역학 조사를 벌인 결과 다른 지역에 비해 유산율이 4배나 높고, 1973년에서 1978년 사이에 태어난 아이들 가운데 신장병, 정신질환 등을 앓는 선천적 기형아가 많다는 사실이 밝혀졌다. 미국 연방환경청은 1978년 8월 이 지역을 환경 재해 지역으로 선포하고, 거주하던 238가구로 하여금 즉시 떠날 것을 명령했으며, 문제의 학교는 폐쇄되었다. 이러한 운동 과정에서 러브 커낼 지역의 블루칼라 남성들은 가족 부양의 책임 때문에 보상 운동에 참여하기 어려웠고 주로 여성들이 운동의 지도자로 나서게 되었다. 러브 커낼 사건은 중하층 여성들이 자신의 아이와 가정에 직

접적인 영향을 주는 삶과 죽음의 문제가 불거졌을 때 어떻게 정치화되는지를 보여준 대표적인 운동 사례이다.

> 깊이 읽기

## 생태 파시즘의 이상, 에코토피아

미국의 생태·환경 운동가인 어니스트 칼렌바크Ernest Callenbach가 1975년 출간한 생태주의 유토피아 소설 《에코토피아Ecotopia》에 나타난 생태적 이상향은 생태 파시즘의 정치적 입장을 잘 보여준다. 소설에 등장하는 '에코토피아'는 21세기 초 미국 연방으로부터 독립하여 세워진 국가이다. 에코토피아가 다른 나라들로부터 고립되어 지낸 지 20년이 지난 시점에 미국의 신문 기자 윌리엄 웨스턴이 이곳에 파견되면서 소설이 시작된다. 에코토피아는 생태적으로 건전한 미래의 생존을 국가 최고의 가치로 간주하며, 이 나라 여당의 이름은 '생존당', 야당의 이름은 '진보당'이다. 여성과 남성이 평등하고, 주 20시간의 노동을 제도적으로 보장하며, 재생 가능 에너지를 활용하고 생물 원료로 만든 친환경 플라스틱을 사용하는 등 환경적으로 대단히 긍정적인 사회 시스템을 갖췄다.

그러나 이러한 사회 시스템의 운영 실상은 대단히 비민주적이다. 에코토피아는 주 20시간 노농을 통해 경제적 혼란을 일으킴으로써 자본 도피를 유도하고, 결국 대부분의 공장과 농장을 비롯한 생산 설비가 정부의 손아귀에 떨어지게 만든다. 즉, 농업의 국유화, 석유 산업 활동의 잠정 정지, 유명 연쇄 백화점들 소유의 기본 유통망 강제 통합, 목재 산업 자체를 위협하는 엄격한 자연보호법 제정 등을 통해 자본을 차단하고, 이로 인해 사업체 폐쇄와 강제 매각의 물결을 일으킨다. 또 프랑스와 체코슬로바키아에서 무기를 수입하고 민병대를 조직하여 훈련시킨다. 에코토피아 사람들은 자신들이 미국 동부의 주요 도시에 핵무기를 매설했다고 주장하는데, 이로 인해 미국의 에코토피아 침략 시도가 중지되기도 한다.

이처럼 우화의 형식을 취했지만, 《에코토피아》는 생태 파시즘이 지향하는 정치적 입장을 실감나게 제시한다. 즉, 생태적 건전성을 최우선으로 한다는 명목 아래 다른 가치들을 비민주적으로 억압하는 것이 생태 파시즘의 정치적 입장이다.

# 4장

# 합리주의적 생태주의

# 1

## 시장 생태주의

**지속 가능한 발전론**

시장 생태주의는 일종의 주류 환경 담론이며, 환경주의적 입장이라고 할 수도 있어서 생태주의라는 이름을 붙이기에 다소 주저되는 측면이 있다. 즉, 시장 생태주의는 현재의 자본주의적 시장 메커니즘을 그대로 용인하거나 개선하여 생태 위기를 해결하려는 입장이다. 환경주의적 이데올로기를 잘 보여주는 것이 '녹색 산업', '녹색 자본가'처럼 명시적으로 환경이 새로운 자본 축적과 이윤 창출의 기회가 되었음을 드러내는 신자유주의적 입장이다. 반면 시장에 대한 규제 강화, 사회적 통합 혹은 사회 정의나 형평성을 강조하는 '지속 가능한 발전sustainable development론'과 '생태적 현대화ecological modernization론'처럼 생태주의 이데올로기에 가까운 입장도 있다.

'지속 가능한 발전'이라는 말은 '브룬트란트 보고서'라고도 불리는《우리 공동의 미래Our Common Future》(1987)에서 처음 제시되었고, 1992년 리우 회의에서 공식적으로 채택되었다. 이 용어는 경제 성장을 주장하는 사람들과 이에 반대하는 환경 운동가들을 화해시키는 계기를 만들었다는 점에서 매우 유용한 개념이라고 할 수 있다. 경제 발전 혹은 경제 성장, 사회적 통합 혹은 사회적 정의, 그리고 환경의 건강 혹은 지속 가능성이 모두 상호 균형을 이루도록 하자는 것이 지속 가능한 발전의 지향이지만, 그 진의에 대해서는 환경 운동가들은 환경의 지속 가능성으로, 기업과 정부는 경제 성장의 지속 가능성으로 이해한다. 이처럼 모호하고 저마다 자기 입장에서 해석하기 쉬운 개념이기 때문에 유용한 것이다. 지속 가능한 발전을 규정하는 정의만 해도 40개가 넘는데, 그중 가장 대표적인 것이 '미래 세대가 필요를 충족시킬 수 있는 가능성을 훼손하지 않는 범위 내에서 현재 세내의 필요를 충족시키는 발전'이다. 이것은 우리가 생태 위기와 관련해서 단기적인 해결책보다 장기적인 시각에서 해결책을 찾도록 하는 효과를 낳는다.

### 생태적 현대화론

한편, 생태적 현대화론이란 급진적 환경주의자들이 표방하는 반反현대주의나 반反생산성 이론 대신, 기존의 현대화 내부의 논

지속 가능한 발전이란 미래 세대가 필요를 충족시킬 수 있는 가능성을 훼손하지 않는 범위 내에서 현재 세대의 필요를 충족시키는 발전이다.

리를 생태적 관점에서 개혁함으로써 생태 위기에 대응하려는 나름의 시도를 말한다. 그런데 '생태적 현대화'라는 용어는 논자에 따라 의미하는 바가 다르고, 이해하는 방식도 매우 다양하다. 생태적 현대화의 의미를 매우 폭넓게 이해하는 마르텐 하에르 Maarten A. Hajer에 따르면 생태적 현대화는 크게 제도적 학습, 기술 관료주의적 프로젝트, 그리고 문화 정치로서 이해될 수 있다. 첫째, 제도적 학습으로서 생태적 현대화를 이해하는 입장은 제도적 학습을 통해 환경 위기를 극복할 수 있다고 본다. 기존 제도의 틀은 그대로 두고 그 내용만 개편하면 생태 위기를 극복할 수 있다는 것이다. 둘째, 기술 관료적 프로젝트로서의 이해는 생태적 현대화를 시장 경쟁력을 높일 수 있는 혁신적 환경 기술을 선택하는 것으로 이해하는 것과 같다. 셋째, 문화 정치로서 생태적 현대화를 이해하는 입장은 생태 위기가 복잡한 사회 과정의 결과인 담론적 실재라는 것을 주장하기 때문에 '논쟁','사회적 선택에 대한 협상' 등을 매우 중요한 요소로 고려한다.\* 생태적 현대화를 이렇게 문화 정치로 이해하면 생태 위기에 대한 논쟁은 우리가 어떤 사회를 선택할 것인가에 대한 논쟁으로 바뀌게 된다.

---

\* Maarten A. Hajer, *Politics of Environmental Discourse*(Oxford : Clarendon Press, 1997), 258~259쪽.

### 보수적인 성향

시장 생태주의는 기존의 사회 질서를 그대로 유지하면서 환경 문제에 대응하려 한다는 점에서 보수적인 성향을 띤다. 기존 사회 질서에 대한 신뢰나 지지 안에는 여러 가지 요소가 들어 있다. 예컨대 공업주의나 과학 기술이 인류를 더 발전시킬 것이라는 믿음, 시장이 자원을 가장 효율적으로 배분하는 메커니즘이라는 사실에 대한 신뢰, 현재의 불평등한 권력 구조와 계급 구조는 불가피하거나 정당화될 수 있다는 인식 등이 담겨 있다. 이러한 보수적 성향으로 인해 환경 문제에 대한 대응에서도 기존의 공업주의나 시장 메커니즘을 그대로 이용하려는 태도를 보인다.

대부분의 국제 환경 협약은 시장 생태주의의 입장에서 크게 벗어나지 않는다. 대표적인 것이 기후변화협약, 특히 교토 의정서에 포함된 교토 메커니즘이다. 교토 메커니즘은 유연성 체제라고도 불리는데, 쉽게 말하면 온실가스 배출량을 감축해야 하는 선진국들의 부담을 고지식하게 한 나라에서만 해결하지 말고 유연하게 다른 나라들과 나눌 수 있도록 여러 가지 방식을 채택한다는 것이다. 대표적인 것이 '청정개발체제Clean Development Mechanism'이다. 청정개발체제란 교토 의정서에 따라 온실가스 의무 감축을 해야 하는 선진국들(이를 부속서 I 국가라고 한다)이, 의무 감축을 하지 않아도 되는 국가들(이를 비부속서 I 국가라고 한다)에서 수행한 온실가스 감축 실적을 자국의 감축 실적으로 인정해주는 것이다. 이것은 온실가스 배출권이라는 상품을 시장에서 거래하는 것이며, 비용을 줄이면서 온실가스 감축 효과를 동일하게 얻자는 것이다. 여기서 더 나아간 것이 탄소 배출권을 주식처럼 거래하는 탄소 거래소인데, 자본주의적 시장 메커니즘을 적극 활용하려는 시도는 결국 거대 기업에게 유리한 게임의 법칙으로 변질되고, 기후 변화에 의해 직접 피해를 입는 대다수의 빈곤한 사람들에 대한 고려는 등한시되기 쉽다.

### 저탄소 녹색 성장론

우리에게 최근 익숙한 '저탄소 녹색 성장'도 전형적인 시장 생태주의의 한 형태라고 할 수 있다. 지난 2008년 8월 15일, '8·15 경축사'에서 이명박 대통령은 전 지구적 기후 변화에 대한 대응책이자 향후 60년간의 국정 목표로 '저탄소 녹색 성장' 전략을 천명했다. 그리고 저탄소 사회 신新성장 동력으로서 청정 에너지, 녹색 기술과 녹색 산업을 부각시켰으며(여기에 온실가스를 배출하지 않는 원자력 기술이 포함된다), 에너지 자립률과 신·재생 에너지 보급 비율을 제고하겠다고 밝혔다.

정부의 저탄소 녹색 성장 박람회 포스터

MB 정부의 저탄소 녹색 성장과 녹색 뉴딜 정책은 기후 변화 대응이라는 타당하고도 적실한 과제를 떠맡았음에도 불구하고, 그 내용이나 추진 방식을 보면 여전히 정치적 영향력을 행사하는 토건 등 '오래된 부문'의 지배력에서 벗어나지 못하고 있다.

즉, 기후 친화 산업을 신성장 동력으로 육성하여(2012년까지 매년 10조 원 규모) 현재의 에너지-경제-기후-생태계 간의 악순환을 선순환으로 바꾸겠다는 장기적 전략을 제시한 것이다. 또한, 경기 침체와 실업 문제도 해결하기 위해 신·재생 에너지 산업 등 환경 산업에 대한 대규모 공공 투자를 추진하려는 녹색 뉴딜도 제안했다. 뜨거운 감자가 되어버린 '4대강 사업'이 바로 대표적인 녹색 뉴딜 사업이다.

4대강 사업 토지 측량이 강제로 진행되고 있는 팔당에서 측량을 막아선 농민들
ⓒ 환경운동연합

그런데 MB 정부의 저탄소 녹색 성장과 녹색 뉴딜 정책은 기후 변화 대응이라는 타당하고도 적실한 과제를 떠맡았음에도 불구하고, 제시하는 내용이나 추진 방식을 보면 여전히 정치적 영향력을 행사하는 '오래된 부문'(주로 토건 부문)의 지배력에서 벗어나지 못하고 있다. 아직도 경제 성장 우선주의의 신화에 결박된 채, 체제를 움직이는 동력만 바꾸고 취약한 체제 자체는 그대로 유지하겠다고 한다. 녹색을 말하면서도 하드웨어 중심의 대규모 토건 사업을 하겠다고 하거나, 여러 가지 문제가 있는 원자력 발전을 오히려 확대하려는 것은 자가당착에 빠진 것과 다름없다. 기후 변화에 대한 대단히 기술 지향적인 해결책들을 우선순위도, 사회적 협의도 없이 한꺼번에 쏟아냈으며, 이를 실제로 뒷받침할 재정 계획도 불투명하다.

# 2

# 사회 생태주의

### 어떤 지배도 없는 자유로운 공동체

사회 생태주의Social Ecology는 크로포트킨의 아나키즘을 근간으로 하고 변증법적 자연주의dialectic naturalism, 프랑크푸르트학파의 비판 이론 전통, 혁명적 페미니즘의 절대적인 영향을 받아 형성되었다. 사회 생태주의의 핵심 주장은 다음과 같은 명제로 요약할 수 있다. '인간의 자연 지배는 인간의 인간 지배에서 비롯되었기 때문에 계속 이것을 고발하고 여기에 저항할 필요가 있다. 그리고 우리가 지향해야 할 사회는 모든 형태의 지배가 철폐된, 자유지상주의libertarianism적인 공동체 사회여야 한다.'

사회 생태주의자들이 보기에 자연은 자유주의자, 마르크스주의자, 다윈주의자들이 생각하듯 필연의 영역이 아니라 변증법적으로 발전하는 자유의 영역이다. 자연은 여러 종들의 자유로운 자기 선택에 의한 진화 과정 그 자체이며, 이 진화 과정은 유기체

## 변증법적 자연주의

변증법적 자연주의는 아리스토텔레스와 헤겔의 변증법에 진화론과 생태학의 자연주의를 접목한 것으로, 머레이 북친이 주창했다. 단, 변증법의 연역적 사고를 추론적 사고로 바꾸고, 동시에 위계 서열적인 존재의 사다리 개념을 수평적으로 계속 분화하는 존재로 대체했다. 또한 변증법에서는 자연을 살아 있게 만드는 원인으로서 자연 외부의 어떤 목적telos이 있다고 간주한 반면, 북친의 변증법적 자연주의에서는 이를 생태학의 유기체 내적인 천이로서의 변화·발전 과정으로 대체해 목적론적인 성향을 제거했다.

적이고 발전적이며 변증법적이다. 사회 생태주의자 머레이 북친Murray Bookchin은 이러한 의미에서 자연을 "참여적 진화로서의 자연"이라고 불렀다. 북친이 보기에 인간은 지력, 도덕적 능력, 도구 조작 능력이라는 관점에서 자연 진화가 생산한 가장 진화된 생명체이다.

머레이 북친

인간의 역사와 자연의 역사는 서로 구분되는 것이 아니라 그 사이에 어떤 연속성이 존재하는데 그것은 바로 자유에의 갈망이다. 인간과 자연 모두 자유를 향하는 진화 과정에 함께 참여하고 있기 때문에 자연은 일차 자연에서 이차 자연으로, 그리고 삼차 자연 혹은 자유 자연으로 분화·발전한다. 일차 자연은 자신의 내적인 동력에 의해서 진화하고, 이 과정을 통해 이차 자연이 등장한다. 이차 자연은 인간의 문화 전반, 예컨대 효율적인 기술, 풍부한 상징 언어, 주의 깊은 식품 관리 등을 의미한다. 삼차 자연은 아직 실현되지 않은 것으로 이차 자연의 고통을 극복한 대안 사회인 생태 사회에서 실현되는 자연이다.

자연에는 다양한 존재들이 하나의 전체로 통합되는 '다양성의 통합unity in diversity'이 존재하고, 사회와 달리 비위계적인 질서를 갖는다. 그래서 자연이 인간 사회에 윤리적 토대(자유, 다양성, 창조성)와 사회 형성의 근거를 제공할 수 있는 것이다. 그런데 위계화된 사회관계가 자연 질서를 위계적인 사회 질서 안으로 편입시키면서 자연 질서의 다양성과 풍성함을 파괴했다. 즉, 자연과 사회의 유기적 조화 관계가 파괴되고, 자연 질서를 통해 형성된 사회의 윤리적 토대가 붕괴되었는데, 이것이 바로 생태계 위기이다. 생태계 위기란 단순히 자연환경의 파괴 정도의 문제가 아니라 자유와 다양성, 창조성을 제공하던 윤리적 토대를 위협하는 위기이다. 따라서 이러한 위기를 초래하는 위계 서열적인 사회 질서를 극복해야만 해결될 수 있다. 사회 생태주의자들이 생태계 위기 해결을 위해 제시하는 방안은 생태 공동체의 발전에 근거해 사회와 자연의 근본적인 통합성과 사회의 윤리적 토대를 회복하고, 모든 위계를 극복하여 새롭게 인간과 자연의 총체로 거듭나는 것이다.

**직접 민주주의와 도덕 경제**

사회 생태주의가 생각하는 자유로운 공동체를 만들고 생태계의 위기를 극복하기 위해서는 시민이 참여하는 직접 민주주의가 필수적이다. 여기서 말하는 직접 민주주의의 모델은 고대 그리스의 폴리스polis에서 행해지던 공동체적 관리 혹은 공동체적 자치를 의미하는데, 소규모의 자치 조직만이 공동체 성원이 직접 공동체를 통제하면서 자유와 차이를 결합시킬 수 있다. 따라서 사회 생태주의의 정치 전략 혹은 운동 전략은 기존 정치 세력들과의 협력이나 국가 기구의 활용을 거부한다. 나아가 자신들의 정

> 생태계 위기란 단순히 자연환경의 파괴 정도의 문제가 아니라 자유와 다양성, 창조성을 제공하던 윤리적 토대를 위협하는 위기이다.

당이나 이익 집단 등 정치적 조직을 만들려고 하지 않는다. 국가나 이익 집단 등은 투쟁의 대상이지 협력의 대상이 아니기 때문이다.

공동체적 자치가 가능하려면 공간적 범위가 제약될 수밖에 없다. 사회 생태주의에서 제안하는 공간적 범위는 생물 지역주의 운동에서 생각하는 범위와 유사하다. 즉, 생물 지역의 특정 조건에 맞는 적절한 기술, 농업 관행, 그리고 공동체의 규모가 필요하다. 오염을 피하면서도 지역의 토착 동식물을 유지·회복할 수 있도록 충분히 분권화되고, 새로운 생태적 감수성에 부합하는 사회 제도 또한 필수적이다. 그리고 오랜 시간에 걸쳐 진화되어 안정화된 현재의 생태계를 하루아침에 날려버리는 단일 품종 재배, 도시의 콘크리트화, 그리고 개발 지향적인 대중의 경향성을 전복시키기 위해서는 생물 지역 속에서 다양성이 고양되어야 한다.

사회 생태주의의 경제적 기초는 '도덕 경제moral economy'로 제시된다. 도덕 경제는 누구나 자신의 능력에 따라 일하고 자신의 필요에 따라 생활하는 것을 의미한다. 이것은 생산자들이 구매자와 판매자로서 시장에서 만나는 시장 경제와 달리, 실제 생산자들이 상호 연결된 네트워크 속에서 상호 책임을 지는 생산 공동체를 전제하는 것이다. 여기서 생산물이나 서비스의 교환은 가격이 아니라 타인에 대한 도덕적 의무에 입각해 이뤄지며, 욕

근본 생태주의자들은 세계관을 변혁하고 대지와의 영적 관계를 회복하는 데 주안점을 두는 반면, 사회 생태주의자들은 자연의 참여적 진화에 인간이 능동적으로 개입함으로써 생태적 발전과 사회 정의를 구현하는 데 중점을 둔다.

구는 주고받는 사람 모두에게 도덕적인 의미로 존재한다. 그러므로 욕구는 이윤이나 비용, 이해관계라는 양적 관계가 아니라 윤리적 책임성을 전제하는 것이다. 그리고 소규모 지역 공동체들이 지역의 생태계에 적합한 생산 모델을 개발하고, 생산자나 소비자들이 단순히 생산물을 생산하고 소비하는 역할에서 한 발 더 나아가서 생산 과정 전반을 통제할 때 자본주의적 교환 관계의 공격을 막아낼 수 있는 자유로운 공동체가 될 수 있다고 본다.

 사회 생태주의자들의 입장은 근본 생태주의자들과는 확연히 구분된다. 즉, 근본 생태주의자들이 생태적 세계관과 기계론적 세계관의 차이에 초점을 맞추는 반면, 사회 생태주의자들은 사회(특히 경제)와 생태 사이의 변증법이 문제의 초점이라 생각한다. 특히 위계 서열적 질서에 의해 자유로운 자연의 질서가 파괴됨으로써 윤리적 토대가 상실되었다고 본다. 이로 인해 근본 생태주의자들은 세계관을 변혁하고 대지와의 영적 관계를 회복하는 데 주안점을 두는 반면, 사회 생태주의자들은 자연의 참여적 진화에 인간이 능동적으로 개입함으로써 생태적 발전과 사회 정의를 구현하는 데 중점을 두고 있다.

 아나키스트적 성향이 있다는 점에서는 사회 생태주의와 생태 공동체주의가 유사한 측면이 있다. 그러나 생태 공동체주의자들이 합의에 의한 규범을 개인에게 적용하려는 경향을 보이는 데 반해서, 사회 생태주의자들은 자유로운 개인들의 자유로운 연합으로서 공동체에 접근한다는 점에서 차이가 있고, 자연과 사회의 관계도 낭만적인 조화를 상정하는 것이 아니라 반위계적 질서라는 윤리 규범의 합리적 근거로 이해한다는 점이 다르다. 바로 이 점 때문에 사회 생태주의자들이 사회관계의 위계 서열을 문제시하면서도 그것을 윤리적 문제로 환원해 고려한다는 비판을 받고 있다.

# 3

## 정치 생태주의

### 성장 제일주의와 낭비적 소비에 의한 생태 위기

정치 생태주의는 생산 수단이나 사회적 관계에 의해 인간과 자연의 관계가 결정된다고 보며, 이 사회적 관계를 규정짓는 힘을 정치적인 것이라고 생각한다. 정치 생태주의에 포함시킬 수 있는 논자들은 대체로 자본주의에 대해서 부정적이지만, 마르크스주의와 사회주의에 대해서도 부정적 태도를 보이거나 새로운 의미로 사용하고 있다. 이들 사상이 대체로 생산력주의 혹은 생산 지상주의적 경향을 띠는데, 정치 생태주의는 여기에 반대하기 때문이다. 즉, 정치 생태주의자들이 생각하는 진보의 의미는 생산력의 비약적 발전에 의한 진보라는 개념과는 다르다.

정치 생태주의자들이 보기에 자본주의나 사회주의 모두 생산 증대를 통해서 인류의 행복과 복지를 증대시킬 수 있다는 생산주의와 중앙집권주의적인 성향을 갖고 있는데, 이 두 가지가 불

### 자본의 유기적 구성

자본의 유기적 구성은 두 가지로 나뉘는데, 하나는 불변 자본(기계 등)과 가변 자본(노동력 등)의 구성 비율(이를 자본의 가치적 구성이라고 한다)이고, 다른 하나는 생산 수단과 투하된 노동의 결합 비율(이를 기술적 구성이라고 한다)이다. 일반적으로 자본주의가 발전하면, 기계에 의해 노동력이 대체되기 때문에, 즉 가변 자본에 비해 불변 자본 비율이 높아지기 때문에 자본의 유기적 구성도가 높아지는 경향이 있다.

---

평등한 사회관계를 통해 자연을 개발하면서 생태계 위기를 야기시켰다. 자본주의가 발전하게 되면 일반적으로 자본의 유기적 구성이 고도화되고, 자본주의 자체의 평균적 이윤율은 하락하게 된다. 이를 막기 위해서 자본은 더 많이 만들거나 고부가 가치 상품을 만들어야 하는데, 이 과정에서 자본의 순환은 더 빨라지고, 제품의 마모 주기가 짧아지며 자원도 더 많이 사용하게 된다. 이는 자원 가격의 상승으로 이어지는데, 자본주의는 경쟁을 계속 강요하기 때문에 결국 경제 위기에 이르게 된다. 이러한 경제 위기와 자원 고갈의 문제를 자본주의는 다시 성장의 논리로 해결하고자 하지만, 궁극적으로는 자연 자원의 고갈 위기로 이어져서 더 이상 사회 체제가 유지될 수 없다. 기존 사회주의는 자본주의와 다른 방식으로 운영되었지만, 국가가 총자본의 역할을 수행했고, 모두의 소유라는 애매한 소유 개념으로 인해 지원 절약에 대한 동인이 없었으며, 자본주의 체제와의 경쟁 속에서 성장 제일주의에 매달렸기 때문에 결국 자본주의보다 먼저 한계를 드러냈다.

 성장 제일주의에 기초한 사회 시스템은 소비 측면에서도 문제를 일으킨다. 끊임없이 소비를 조장하고 에너지 낭비를 야기하는 (예를 들어 콩코드 비행기를 타고 파리에서 워싱턴까지 왕복하는 승객은 프랑스 국민의 일 년 평균 에너지 소비량에 맞먹는 에너지를 소비한다) 이른바 풍요로운 자본주의의 발전 모델은 바람직하지도, 지속 가능하지도 않기 때문이다. 이런 발전 모델 속에서는 "일회용 포장, 폐기 처분된 기계와 금속, 쓰레기와 함께 태워버린 종이, 깨져서 수리 불가능한 도구, 노동 재해를 입은 사람들과 교통 사고 피해자들이 필요로 한 보철구 및 의료서비스 등으로 인한 생산 증가 등, 그 모든 생산과 구매의 증가는 국가적인 부의 증가로 잡힌다……물건들이 깨지고 닳고 구식이 되고 폐기되는 속도가 빠를수록 국민 총생산은 증대할 것이고, 국가 회계상으로는 우리가 부유한 것으로 나타난다"*.

우파와 좌파 보수주의자들(노동조합과 사회 민주주의자들)은 이러한 딜레마를 해결하기 위해 '극소전자혁명', '제3섹터화', '신케인스주의적 사회 민주주의 프로그램'을 조합한 대안을 제시했다. 이것은 생산 과정에서 로봇을 도입하여 생산 비용과 자원 낭비를 줄이고 소비 영역, 특히 가사 영역에서 백색 가전을 통해 새로운 수요를 창출하며(극소전자혁명), 민간 부문의 기술과 자본을 공공 영역에 도입하여 공동 출자 형식으로 지역 개발을 한다거나(제3섹터화), 실업자를 유효 수요를 가진 소비자로 만들어서 소비 영역을 확대하는 방법(신케인스주의적 사회 민주주의 프로그램)을 통해 점차 나선형으로 높아져가는 사회적 비용의 굴레에서 벗어나고자 하는 전략이다.

---

* 앙드레 고르, 《에콜로지카》, 103쪽.

그러나 이러한 전략은 자본 생산성 향상에는 도움이 되었지만, 일자리 창출에는 실패했다. 오히려 공업화되기 어려운 비정규직 일자리만 엄청나게 늘어났다. 두 시간 동안 잔디 깎기, 한 시간 동안 개 산책시키기, 신문 돌리기, 어린아이 돌보기 등 비숙련 노동자들을 필요로 하는 일자리만 양산된 것이다. 그 결과 직업 시장은 새로운 정규 노동 엘리트와 비정규 주변 노동자들로 이원화됐다. 정치 생태주의자들이 보기에 정규 노동 엘리트들은 고용이 부여해주는 권력과 사회적 위신을 잃지 않기 위해 보수적으로 변했고, 결국 더 나은 사회를 만들고자 하는 의지와 능력을 상실했다. 이것이 바로 오늘날 좌파의 위기이고, 구 노동 계급의 위기인 것이다. 그러면 이러한 위기를 어떻게 극복할 것인가? 정치 생태주의자들의 대안을 살펴보면 크게 급진적 대안과 온건한 대안들이 공존한다. 이들의 주장을 핵심 내용을 중심으로 간략하게 살펴보자.

**노동의 해방과 사회적 수당**

급진적인 정치 생태주의의 대안은 자본주의 사회에서 왜곡되어 있는 노동을 해방시키고, 이를 뒷받침하기 위한 수단으로서 사회적 수당을 지급하자는 것이다. 급진적 대안을 주장하는 앙드레 고르에 따르면 인간의 노동에는 세 가지 종류가 있다. 첫째,

사회적 필요에 부응하는 경제적이고 합리적인 노동(타율 노동), 둘째, 개인의 욕구와 일치하는 스스로 명령한 노동(자율 노동), 셋째, 사회적 필요에 의한 노동이지만 타율 노동이 아닌 자신을 위한 노동. 이러한 인간 노동에 근거하여 사회가 형성되는데, 타율 노동에 의해서는 거시적인 사회 노동의 영역이, 자율 노동에 의해서는 주로 지역 사회에서 자발적으로 참여하여 형성되는 미시 사회적 관계망이 구축된다. 그리고 자신을 위한 노동에 의해서는 가족 등 작은 집단의 특수 욕구에 상응하는 자율적인 활동 영역이 만들어지게 된다. 특히 이 자율적인 활동 영역은 노동의 본래적 의미, 즉 소외되지 않고 자율적으로 결정할 수 있는 행위를 말하기 때문에, 경제적 합리성이 아니라 자율성과 자기 충족성의 원칙에 의해 지배되어야 한다.

 그런데 문제는 자본주의 사회에서 이 자율적이고 본래적인 노동의 영역까지 경제적 합리성의 지배를 받게 되었다는 사실이다. 노동은 공적 이익을 위한 사적 생산 활동이어야 함에도 불구하고 단순히 임금을 확보하는 활동으로 전락한 것이다. 따라서 좌파가 새롭게 지향해야 할 새로운 사회주의는 '노동으로부터의 해방'이 아니라 '노동의 해방'을 추구해야 하며, 임금 노동을 '자신을 위한 노동'으로 전환하고, 상실된 개인들의 실존적 욕구를 자본의 경제 논리보다 우위에 둬야 한다. 이러한 사회주의는 집산주의보다는 개인주의와 결합될 수 있고, 개개인에게 해방과 자기 결정권

좌파가 새롭게 지향해야 할 새로운 사회주의는 '노동으로부터의 해방'이 아니라 '노동의 해방'을 추구해야 하며, 임금 노동을 '자신을 위한 노동'으로 전환하고, 상실된 개인들의 실존적 욕구를 자본의 경제 논리보다 우위에 둬야 한다.

---

의 물음을 제기한다.

그런데 사회적으로 필요한 노동 시간의 영역을 최소로 줄이려면 유통과 재고를 효율적이면서 실제로 작동 가능한 방식으로 조직하고 조절하는 일종의 계획 경제가 필요하다. 이런 측면에서 보면 가구 혹은 마을 단위의 자급자족 경제는 적절치 않다. 경제 활동 전반에 대한 통합적이고 계획적인 사회화도 마찬가지다. 우리에게 필요한 계획 경제는 필요를 충족시키기 위한 필수적 노동은 최대한 적게 하고, 대신 자율적인 노동에 더 많은 시간을 투자할 수 있게 하는 사회적 조정이다. 이러한 사회적 조정의 구체적인 수단이 '생계 수당' 혹은 '사회적 수당'의 지급이다.

사회적 수당의 지급은 고용을 창출함으로써 경제를 원활하게 운영하겠다는 발상과는 전혀 다른 것이다. 상당수의 노동자가 워킹 푸어working poor로 전락한 상황에서 고용을 더 창출한다는 것은 문제를 해결하는 것이 아니라 노동의 해방을 어렵게 만드는 일이다. 우리에게 필요한 것은 '자신을 위한 노동'에 시간을 투자할 수 있는 여건을 마련하는 것이고, 이를 위해 필요한 것이 바로 사회적 수당이다. 사회적 수당의 목적은 "실업자나 고용 불안정 상태에 있는 사람들이 자신을 팔지 않아도 살아갈 수 있게 하려는 것이며……인간의 활동을 고용의 독재로부터 해방시키는 것"*이다. 즉, 인간다움을 최대한 실현하고, 바로 이러한 인간다움을 자기 존재의 의미이자 목적이 되게 만드는 활동에 시간을 쓸 수 있도록 사회적으로 보장해주자는 것이다. 이러한 활동에는 개인의 성숙을 위한 활동, 인간관계를 풍부하게 만드는 활동, 정신적인 풍요로움을 안겨주는 활동 등이 있다. 물론 이러한 활동을 통해 생산력이 높아질 수도 있으나, 이것이 주된 목적은 아니다. 이러한 주장은 인간을 생산 수단으로만 생각하고, 교육이나 지식, 교양 역시 인간의 생산적 기능에 유익할 때만 가치가 있다고 생각하는 발상과는 정면 배치되는 것이다. 따라서 사회적 수당의 실현은 부의 재분배라는 맥락 속에서 이뤄지는 것이 아니라, 자본과 노동에 바탕을 둔 부를 급진적으로 넘어서려는 전복적 논리에 기대고 있다.

### 생태적 발전론과 자유 시간의 증대

보다 온건한 정치 생태주의의 방안은 생태적 발전론을 지향하는 것이다. 생태적 발전론이란 환경의 발전은 반드시 '실체적 민주주의'가 작동하여 평등한 개인, 국가, 공동체의 새로운 사회적 공간이 창조되는 것을 전제로 할 때만 가능하다는 입장이다. 그런데 여기서 실체적 민주주의는 국가나 시장에 의해서 이뤄지는 것이 아니다. 국가는 사회 위에 군림하거나 소수에게 점유당할

---

• 앙드레 고르, 《에콜로지카》, 162쪽.

> "생태주의자들은 무조건 성장에 반대하는 것이 아니라 지속 가능하지 않은 성장에 반대한다."
> —알랭 리피에츠

위험이 있고, 시장 역시 기존의 부의 불균형을 가속화할 위험이 있기 때문이다. 그래서 생태적 발전을 달성하기 위해서는 정치적 규제보다는 직접적인 대면과 협상이 가능하도록 다양한 권리들을 조직화하는 것이 필요하다. 환경과 발전이 양립 가능하다고 보는 점에서 생태적 발전론은 널리 알려진 지속 가능 발전론과 유사하지만, 지속 가능 발전론이 국가와 시장의 기능에 큰 비판을 제기하지 않는 반면 생태적 발전론은 실질적 민주주의 제도에 더 큰 기대를 걸고 있다는 점에서 차이가 있다.

생태적 발전을 실현하기 위해 필요한 것이 개인 노동 시간의 감축과 이를 통한 자유 시간의 증대이다. 이것은 급진적 입장의 주장과 유사한 점이 있지만, 수단의 측면에서 차이가 있다. 즉 사회적 수당의 방식이 아니라, 정상 임금을 지급하면서 정상 노동 시간을 감축하는 방식을 통해 이루어진다. 자유 시간의 확보는 자유인의 선결 조건이며, 자유 시간이 필요한 것은 무엇보다 우정과 사랑을 위해서다. 자유 시간은 사회적 수당이 아니라 임금 노동의 재편성을 통해 달성될 수 있다. 노동 시간을 줄임으로써 줄어든 시간의 일부는 생산성 향상으로 보상받게 되고, 상당 부분의 실업 인구가 일자리로 돌아오면 복지 지출을 감소시키는 동시에 복지 분담금 납부자 수는 늘어날 것이므로(물론 모든 고용주들이 똑같이 한다는 전제가 필요하다) 사회적으로 큰 부담이 발생하지는 않는다는 것이다.

생태적 발전을 주장하는 알랭 리피에츠Alain Lipietz는 생태주의자들이 무조건 성장에 반대하는 것이 아니라 지속 가능하지 않은 성장에 반대한다고 했다. 그리고 자신은 계속해서 경제 회복을 위해 '선택적 경기 부양'을 주장해왔다고 말한다. 선택적 경기 부양을 위해서는 어떤 부문을 선택하느냐가 대단히 중요하다. 그는 "땅과 돈을 잡아먹는 불가사리를 더 이상 만들지 말아야 하며, 할 수 있다면 저렴한 주택 단지를 공급해야 한다. 살기 좋은 아파트 단지를 건설하고, 대중교통 수단을 현대화해야 한다. 하지만, 거의 인적 없는 고속 도로를 만들거나 생태계에 악영향을 미치는 아무 쓸모 없는 라인-론 강 운하 건설 같은 낭비적 사업은 자제하자"*고 했다. 흥미로운 것은 리피에츠가 이러한 주장을 한 것이 1995년인데, 16년이 지난 현재, 도로 건설에 매진하고 4대강을 파헤치는 한국 사회에 너무나도 딱 들어맞는다는 사실이다.

---

* 알랭 리피에츠, 《녹색 희망》, 박지현·허남혁 옮김(이후, 2002), 74쪽.

# 생태 사회주의

## 생태주의와 마르크스주의

생태 사회주의는 기존의 사회주의가 비민주적이고 독재적인 방식의 계획 경제였으며, 경제 성장 중심의 공업화 전략을 취함으로써 환경 문제를 등한시했다는 성찰에서 시작한다. 그렇다고 자본주의를 대안으로 생각하는 것은 아니다. 생태 사회주의자들은 현재의 생태 위기와 관련해서 기존의 마르크스주의에 한계가 있음을 인정하지만, 이는 마르크스의 잘못이라기보다는 마르크스의 저작에 담긴 생태학적 함의가 충분히 밝혀지지 않았거나, 역사적인 한계(과학의 발전이 충분치 않았던) 때문이라고 본다. 따라서 마르크스의 저작을 생태학적 관점에서 새롭게 해석하거나 보완함으로써 마르크스주의의 통찰력을 현재의 생태 위기에도 적용할 수 있다고 주장한다.

생태 사회주의자들의 입장은 크게 두 가지로 나뉜다. 하나는 마르크스주의의 기본 논의에 충실한 생태 사회주의자들이라고 할 수 있는데, 마르크스가 중시했던 의제, 즉 자본주의적 가치 생산, 혹은 자본 축적의 과정에 중점을 두고 생태 문제에 대한 마르크스의 해석을 설명하려는 입장이다. 그래서 이들을 생태 마르크스주의자라고 부르기도 한다. 한편, 이와는 다른 방식으로 생태 사회주의를 전개하는 사람들도 있다. 이들은 마르크스가 초점을 맞췄던 자본 축적의 과정보다는 좀 더 포괄적인 범위의 자본주의적 생태 문제에 중점을 둔다. 예컨대 자연과 사회의 물질대사metabolism, 자연의 한계에 대한 진보적 해석 등과 관련하여 생태 사회주의를 전개하고자 한다.

자본 축적, 노동 과정, 그리고 생태 위기

자본 축적을 통해 생태 위기를 설명하려는 사람들은 자본주의적 축적 과정이 생산 조건과 모순을 일으킴으로써 생태 위기에 처했다고 설명하면서, 자본이 이러한 생태 위기를 자연의 상품화나 실질적 포섭의 방식을 통해 극복하고자 한다는 점을 지적한다. 자본주의에서는 노동력 착취로 인해 잉여 가치 실현이 어려워짐으로써 경제 위기가 발생하는데 이것을 자본주의의 1차 모순이라고 한다. 자본주의에는 생산력과 생산관계, 그리고 생산 조건 사이의 모순도 존재하는데, 이를 2차 모순이라고 한다. 생

> **생산 조건**
> 오코너의 생산 조건 개념은 폴라니가 사용했던 '의제적 상품fictitious commodity' 개념을 차용한 것이다. 폴라니가 지적한 의제적 상품은 노동, 토지, 화폐로, 모두 판매를 위해 생산될 수 없는 상품이다. 노동 조건과 자연 조건이 악화되면서 의제적 상품이 사회적 삶의 통합에 매우 중요한 역할을 한다는 점이 분명해졌고, 시장의 힘은 의제적 상품을 규율하지 못했다. 오코너의 생산 조건은 자본주의에 의해 생산되지는 않지만 자본 축적 과정에 중요한 역할을 담당한다. 그러나 자본 축적 과정에 의해 재생산되지는 않으며, 생산 조건들의 황폐화는 자본주의의 비용을 증가시키고 이윤을 압박하게 된다.

태 사회주의자인 제임스 오코너James O'Connor에 따르면 여기서 생산 조건이란 첫째, 외적 물리 조건인 자연적인 부wealth, 둘째, 노동자의 노동력 즉 인간적인 부, 셋째, 사회 생산의 공동체적인 조건, 즉 커뮤니케이션 수단을 말한다. 2차 모순은 자본주의가 이러한 생산 조건, 즉 노동력, 토지와 도시 하부 구조, 외적 자연을 경제적으로 자기 파괴적인 방식으로 이용함으로써 발생하는 것이다. 1차 모순이 소비 측면과 관련한 자본의 과잉 생산(실현 위기)의 형태를 띠는 반면, 2차 모순은 공급 측면과 관련한 자본의 과소 생산(유동성 위기 혹은 비용 위기)의 형태를 띤다. 이는 예컨대 이용할 물이 부족하거나 과도한 채굴로 화석 연료가 고갈되는 것처럼 생산 조건이 파괴되거나 불충분해짐으로써, 더는 기존의 생산 양식이 유지되기 어려운 상황을 의미한다. 2차 모순에서 발생하는 생태 위기는 크게 두 가지 차원에서 이해될 수 있다. 첫째, 자본 축적 과정은 무한정 증식되는 가치를 전제로 이루어지는데, 자연은 무한정 증식될 수 없으므로 결국 자연적 생산 조건의 파괴를 수반한다. 둘째, 경제 위기 상황은 생태 위기를 가중시키는데, 노동자에 대한 경제적 폭력과 생물학적 착취의 증대, 생산 과정에서 발생하는 비용을 자연 환경에 전가하기 등이 나타나 결국 추가적인 환경 파괴와 결합된다.

생산 조건에 주목하는 논의가 주로 과소 생산과 관련된 생태 위기를 설명하는 것이라면 이보다 더 포괄적으로 자본 축적과 자연의 이용 방식을 설명하려는 시도도 있다. 이러한 시도에서는 자본이 자연을 형식적으로 포섭하는 단계에서 점차 실질적으로 포섭하는 단계로 이행하는 과정으로 자본 축적과 자연의 관계를 설명한다. 자연의 형식적 포섭은 자본이 자연으로부터 채굴 또는 채취한 물질을 유용한 생산물로 전환시킴으로써 축적할 수 있는 상황과 관련된다. 그리고 자연의 실질적 포섭은 자본이 자연의 순환 과정을 기술적으로 통제·활용함으로써 축적에 기여하도록 하는 상황과 관련된다. 자본의 형식적 포섭 단계에서 자연은 착취되거나 유통되는 것에 그치고, 자본이 자연을 착취하거나 유통하려고 해도 자연의 순환 주기에 맞추는 전략을 구사하게 된다. 그러나 실질적 포섭 단계에 이르면, 자본은 자연을 직접적으로 개량하여 생산성을 높이는 전략을 구사한다. 자연 자체가 일종의 생산력으로 기능하게 되며 자본은 자연을 통해 불균등하게 순환하게 되는 것이다.

그런데 자본 축적 방식을 중심에 놓고 설명하는 방식은 자연의 물질성을 전제하고 있기는 하지만 자본 축적 과정에서 자본의 상대적 잉여 가치 생산 메커니즘에 치중한 설명 방식이기 때문에 엔트로피의 증대라든가 자연의 물질적 한계 부분은 전면적으로 이론화되지 못했다. 그 결과, "자본 축적을 위한 전략으로서 자연의 통제와 활용이 궁극적으로 심각한 생태 위기를 초래하고, 자본이 전략적으로 이러한 생태 위기를 더는 통제하고

자연의 통제와 활용이 궁극적으로 심각한 생태 위기를 초래하고, 자본이 전략적으로 이러한 생태 위기를 더는 통제하고 활용할 수 없을 때 대안적 사회로의 전환이 이루어지게 된다.

활용할 수 없을 때 대안적 사회로의 전환이 이루어지게 된다"*고 주장하게 된다. 거칠게 말하자면 자본주의에 의한 자연 생태계가 파괴가 최대에 이르렀을 때 비로소 대안적 사회가 가능해진다는 것인데, 과연 그때까지 자연이 우리를 기다려줄 것인지 의문이다.

한편, 자본 축적의 기초인 노동 과정에 주목하면서 사적 유물론을 생태적으로 재구성하려는 시도도 있다. 노동 과정은 단순히 인간의 필요를 만족시켜주는 과정일 뿐만 아니라, 자연이 부과한 인간 생존의 조건이기도 하다. 그럼에도 불구하고, 마르크스와 엥겔스는 인간의 합목적적인 변형 능력이 포함된 노동 과정을 지나치게 확대 적용했다. 즉, 자연과의 상호 작용을 전제로 하는 노동 과정에는 변형 능력으로 환원되기 어려운 부분도 있다. 실제로 각 사회-경제 구성체는 자신의 상황적 맥락, 원료 사원, 에너지 공급, 그리고 폐기물이나 오염 등과 같이 자연에 의해 매개되는 의도하지 않은 결과들과 상호 작용하는 독특한 양식과 역학 관계를 가지고 있다. 그렇기 때문에 노동 과정은 자연적 메커니즘이 인간의 활동을 가능하게 한다는 사실을 인식하는 과정이어야 한다. 자연적 메커니즘에 대한 이해를 기초로 한 노

* 최병두, 〈자연의 신자유주의화(1)—자연과 자본축적 간 관계〉, 경상대학교 사회과학연구원, 《마르크스주의 연구》 제6권 제1호(2009년 봄), 45쪽.

동 과정은 생태 위기에 대한 두 가지 오해를 바로잡을 수 있다. 첫째, 현재의 생태 위기가 인구나 공업화에 기인한 직접적 위기 혹은 무매개적인 위기가 아니라는 점이다. 즉, 생태 위기는 사회적 관행과 맥락적 상황들이 복잡하게 작용하여 발생하는 것이다. 둘째, 자본주의만이 모든 생태적 악의 근원이 아니다. 다만 자본주의는 생태 위기를 초래하기 아주 쉬운 체제일 뿐이다. 다른 모든 형태의 사회-경제 구성체도 독자적인 생태 위기를 구성한다는 사실을 잊어서는 안 된다.

**자연과 사회의 물질대사와 지속 가능한 인간 개발**

유물론적 입장에서 보면 자연과 사회는 상대적으로 독립적인 존재인 동시에 상호 매개를 통해 변화하게 된다. 마르크스는 자연을 '인간의 비유기적 신체'라고 표현했고, 자연과 사회가 일종의 물질대사를 계속하고 있으나, 자본주의 아래에서는 인간과 자연의 물질적 대사가 균열을 일으켰다고 보았다. 즉, 자본주의적 공업화와 도시화가 자연과 사회의 물질대사에 균열을 일으킴으로써 자연, 특히 농촌이 가진 생명 부양 능력을 파괴했다는 것이다.

더 나아가서, 제국주의로 발전한 자본주의에서 인간과 자연의 물질대사는 세계적으로 더욱 파괴적인 성격을 띠고, 인류는 더 분열되고 소외되었는데, 이로 인해 지구적 환경 문제가 야기되

> ### 세계 소외
>
> 아렌트는 자본주의 자체보다는 과학, 기술, 현대성의 발전을 세계 소외와 동일시했다. 따라서 마르크스가 제시했듯이 새로운 물질대사 회복보다는 과거 고대 그리스 도시 국가에서 나타났던 통일성을 강조하는 복고적인 방향이다. 물론 오늘날 기후 변화의 영향(향후 전개될 암울한 시나리오를 포함하여)을 보면 광범위한 세계 소외가 나타나고 있다. 평균 기온은 올라가고, 자연재해는 갈수록 잦아지고 있으며, 물 부족, 사막화, 에너지 전쟁 등이 광범위하게 확산되고 있다. 따라서 이러한 세계 소외를 극복하는 것은 중요한 과제일 수밖에 없다.

었다. 물질대사론을 주장하는 사람들은 이러한 지구적 환경 문제를 설명하기 위해 한나 아렌트Hanna Arendt가 사용한 '세계 소외'라는 개념을 차용했다. 아렌트가 말하는 세계 소외는 지리적 발견, 과학적 발전 등으로 새롭게 형성된 인간의 자기 이해에서 비롯된 것이다. 인식의 지평이 확대됨에 따라 고대 그리스 도시 국가에서 볼 수 있었던 인간과 세계의 직접적이고 통합적인 관계, 즉 자신의 오감으로 얻은 증거를 통해서 곧바로 세계를 이해하던 방식이 불가능해졌다. 아렌트가 보기에 마르크스가 묘사한 본원적 축적 혹은 원시적 축적(즉, 토지로부터의 인간 소외)은 세계 소외의 결정적인 표현이다.

한나 아렌트

미국의 사회학자 존 벨러미 포스터John Bellamy Foster는 이러한 인간의 자기 소외(노동 소외)와 세계 소외(자연 소외)를 모두 넘어서기 위해 '지속 가능한 인간 개발'이라는 개념을 제시했다. 포스터가 보기에 사회주의의 핵심은 체 게바라가 언급했듯이 경제 개발이 아니라 인간 개발이다. 그러나 기존의 사회주의에서는 인간 개발보다 경제 개발이 우선시되었고, 노동 분업은 생산성 향상을 위해 더 확대되었으며, 국가 계획 경제를 통해 국가가 개인을 말살시키는 결과를 초래했다. 따라서 단순히 자본주의의 착취 관계가 초래한 해악을 제거하기 위해 이를 뒤집어야 한다는 식의 접근은 근본적인 해결책이 될 수 없다. 진정한 사회주의로의 이행은 "인간 자신의 혁명을 일으키는 혁명적 실천을 통해

### 인도 케랄라 주의 사례

인도 남서부 해안에 위치한 케랄라 주는 1956년 독립주가 된 이래 소득 수준과 경제 성장률이 낮음에도 불구하고, 사회 민주주의적인 복지 시스템을 도입해 특히 교육과 의료에 많은 투자를 해왔으며, 1990년대 이후에는 급진적인 참여 민주주의를 시행하고 있다. 그 결과 주민들은 낮은 경제 수준에도 불구하고 높은 수준의 삶의 질을 누리고 있다. 케랄라 주가 생태 사회주의의 정치적 실천 사례인지에 대해서는 논란의 여지가 있다. 그러나 급진적 개혁을 통한 대안적 지역 발전 모델인 것만은 분명한 사실이다.

---

서만 가능하며, 이를 실천할 수 있는 방법은 인간적, 사회적 관계를 변화시킴과 동시에 인간과 자연 사이의 물질대사를 변화시켜 인간 소외와 자연 소외 모두를 넘어서는 것"*이다.

지속 가능한 인간 개발을 통해 인간 소외와 자연 소외를 넘어서려는 시도들로는 쿠바의 아바나, 브라질의 쿠리티바와 포르투알레그레, 그리고 인도 케랄라 주 등의 사례가 거론된다. 그중에서 쿠바는 체 게바라가 제시했던 인간 개발 모델을 '쿠바의 녹색화' 프로젝트를 통해 어느 정도 실천하고 있다. 쿠바는 세계에서 가장 큰 규모로 작동하는 '지속 가능한 농업 모델'을 만들고 있는데, 석유와 화학 물질에 대한 의존도가 낮고, 멀리서 수송되는 식량에 대한 의존도가 낮은(다른 말로 '식량 주권'이 공고한) 농업이라고 할 수 있다. 쿠바에는 유기농을 실시하는 수천 개의 도시 농장이 전국에 산재해 있는데, 수도 아바나에만도 200개가 넘게 있다. 세계야생기금 보고서에 의하면 전 세계에서 쿠바만이 높은 수준의 인간 개발을 달성했는데, 쿠바는 1인당 '생태 발자국 ecological footprint'이 세계 평균보다 작은 동시에, 인간 개발 지수 (HDI)Human Development Index는 0.8 이상이다.

---

* 존 벨러미 포스터, 〈자본주의에서 사회주의로의 이행과 생태〉, 《생태논의의 최전선》, 김철규 외 옮김(필맥, 2009), 45쪽.

> **생태 발자국**
> 인간이 지구에서 살아가기 위해 필요한 자원의 생산과 폐기에 드는 비용을 토지로 환산한 것을 말한다. 이 개념은 1996년 경제학자 마티스 바커나겔Mathis Wackernagel과 윌리엄 리스William Rees가 개발한 것인데, 지구가 기본적으로 감당해낼 수 있는 면적 기준은 1인당 1.8헥타르(약 3,025평)이다. 선진국으로 갈수록 이 면적은 넓어진다. 대한민국은 1995년을 기준으로 이 기준점을 넘기 시작했고, 2005년에는 3.56헥타르(약 10,769평)에 이르렀다.

## '자본주의적 시간/공간' 조직 방식과 생태 위기

자본주의는 역사적으로 독특한 방식으로 시간과 공간을 조직한다. 비자본주의 사회는 자연 과정의 비가역적 시간성과 결합된 고유한 생태계 시공간을 가지고 있었다. 예를 들어 농업 사회는 계절별로 생활 주기가 달랐다. 그런데 자본주의적 원리가 개입하면 모든 시간성이 동질적인 노동 시간으로 나눠지고, 비가역적 시간성도 가역적인 시간성으로 전환됨으로써 자연 과정의 비가역적인 시간성이 파괴되는 것이다. 즉, 계속 확대 재생산을 해야만 하는 자본주의의 팽창주의적 속성은, 독특한 생태계 공간을 광산 지역이나 공업 지대로 전환시키고, 특수한 생활 주기를 동질적인 시간 단위로 전환시켰다. 자본주의는 질적으로 상이한 시간을 동질적인 시간 단위로 환원시킬 뿐만 아니라, 시간을 빠른 속도로 가속화하며, 공간적으로는 자본주의 이전 사회에 비해 압축적인 공간을 갖게 된 것이다. 이로 인해 활동 반경은 비약적으로 확대되었다. 이러한 시간적 가속화, 그리고 공간적 압축은 (다른 사회적 요인도 있지만) 무엇보다도 화석 연료의 사용 때문에 가능해진 것이다. 신석기 혁명 이래 농업이 태양 에너지를 분산적으로 활용했다면, 산업 혁명 이후 화석화된 형태(석탄, 석유, 가스 등)로 태양 에너지를 집약적으로 사용하게 된 것이다. 따라서 산업 혁명은 화석 혁명이기도 했다.

### 인간 개발 지수(HDI)

유엔개발계획(UNDP)이 발표하는 인간 개발 보고서(HDR) 중에서 인간의 삶과 관련된 지표의 한 항목이다. 각 국가의 실질 국민 소득, 교육 수준, 문맹률, 평균 수명 등을 조사해 각국의 인간 발전 정도와 선진화 정도를 평가한다. 2009년까지 인간 개발 지수가 0.900점 이상인 국가를 선진국으로 보았으나, 2010년에 산정 방식이 바뀌어서 해당 국가들 중 일부의 HDI가 0.900 아래로 산정되었다. 따라서 0.8이면 상당히 높은 수준의 인간 개발이 이뤄지고 있다고 봐야 한다.

---

하지만, 화석 연료에 기초해서 끊임없이 성장하는 자본주의는 생태적 측면에서 심각한 모순에 빠지게 된다. 첫째, 자본주의 경제는 화폐 형태로 평가된 가치의 양적 증가를 중심으로 작동되지만, 생태계는 에너지와 물질의 질적 변화를 중심으로 작동된다. 둘째, 자본주의는 구체적인 시공간을 가치 증식 논리에 종속시키면서 이를 극복하려고 하지만, 자연은 여전히 구체적인 시공간 속에 존재한다. 셋째, 자본의 확대 재생산은 가역적이지만, 자연은 근본적으로 비가역적이다. 넷째, 자본주의 경제에서 이윤과 이자는 끊임없이 확대 재생산되고 순환되어야 하지만, 생태계에서 질료와 에너지의 변형은 비순환적이며, 확대 재생산되지 않는다. 다섯째, 자본주의에서 성장하지 않는 경제, 축적 없는 경제는 죽음이다. 그러나 이윤율이 증가하는 과정에서 엔트로피가 상승하면서 생태학적 비합리성(환경 문제 등)이 야기된다.

생태적으로 심각한 모순을 가진 자본주의는 영원히 계속될까? 돌이켜보면 인류 역사의 99퍼센트는 비자본주의 사회였으며, 자본주의 역시 비자본주의적 형태인 봉건주의 사회에서 등장했고, 앞으로 또 다른 형태로 발전할 것이다. 이러한 역사적 관점에서 생태 사회주의자 엘마 알트파터Elmar Altvater는 자본주의가 영속되지 않을 것이라 전망한다. 이것은 과거의 마르크스주의자들이 생각했듯이 자본주의가 반드시 붕괴된다는 의미와는 다르다. 그가 보기에 "자본주의의 종말은 그 체제가 외부로부터

> **석유 생산 정점(피크 오일)**
> 1956년 미국 셸 연구소의 킹 허버트King Hurbbert는 미국 산유량이 1970년대 초에 최대치에 이를 것으로 예측했다. 처음에는 이 주장에 많은 사람들이 코웃음을 쳤으나, 결국 현실로 입증되었다. 그 후 같은 연구소에서 일하던 콜린 캠벨Colin Campbell이 전 세계 석유 데이터베이스를 이용하여 피크 오일 곡선을 완성했다. 그가 평가한 전 세계 석유 총 매장량은 1,800기가배럴, 최대치는 900기가배럴인데, 2001년 누적 생산량이 873기가배럴이었다. 갑론을박이 있으나, 비관적인 예측에 의하면 피크 오일이 도래하는 시점은 2010년에서 2015년 사이, 낙관적인 예측에 의하면 2025년에서 2030년이라고 한다.

의 격심한 충격을 더는 이겨낼 수 없고, 동시에 내부에서 신빙성 있는 대안들이 서서히 생겨날 때에만 가능"하다.

알트파터가 생각하는 외부로부터의 충격은 화석 연료의 고갈을 의미한다. 피크 오일peak oil, 즉 석유 생산 정점이 자본주의에 심각한 영향을 미치게 될 것이라고 보는 것이다. "우리가 궁극적으로 채취 가능한 화석 연료 자원을 3조 30억 배럴(2000년도 미국지질학회 조사)로 잡는다 하더라도, 현재 매년 250억 배럴(매일 7,500만 배럴에 해당한다)을 소비한다면 마지막으로 바닥이 나기까지는 120년밖에 걸리지 않기 때문이다. 이를 과거에서부터 환산한다면 1885년에서 현재까지에 이르는 기간이다."* 상황을 더 악화하는 것은 중국과 인도 등 새로운 신흥 공업국들의 석유 소비가 가파르게 증가하고 있다는 사실이다. 석유 공급이 원활하지 않았을 때의 상황을 우리는 2005년 9월 미국에서 허리케인 카트리나와 리타가 습격했을 때 경험했던 대규모 혼란을 통해 알고 있다. 휘발유는 마치 식량처럼 기본적인 권리였는데, 이것이 하루아침에 사라져버리자 사람들은 순식간에 공황 상태에 빠졌다.

문제는 현재의 자본주의에는 석유 고갈과 기후 변화라는 외부 충격에 내부적으로 적절히 대처하기 위한 '충격 흡수 장치'

---

* 엘마 알트파터, 《자본주의의 종말》, 염정용 옮김(동녘, 2007), 203쪽.

## 충격 흡수 장치

알트파터는 석유 고갈과 기후 변화라는 충격에 대비하기 위해서는 재생 가능 에너지 체제로 전환되어야 하는데, 현재의 화석 에너지 체제와 재생 가능 에너지 사이에는 넘을 수 없는 방화벽이 쳐져 있기 때문에 대단히 어려운 전환이 될 것이라고 전망한다. 즉, 기존의 동구 사회주의권이 무너진 것과 같은 벨벳 혁명은 기대하기 어렵고, 상당히 광범위하고 혁명적인 과정이 필요할 것이라고 보고 있다. 외부의 충격과 더불어 고려해야 할 것은 내부에 신빙성 있는 대안들이 만들어지고 있는가의 여부이다. 신빙성 있는 대안이 있어야만 새로운 사회로의 전환이 가능하기 때문이다.

가 없다는 사실이다. 그나마 기후 변화에 대응한다는 교토 의정서도 온실가스를 낮추는 목표치가 현재의 기후 변화를 완화하기에는 너무 부족하고, 개발 도상국들을 제외하고 있으며, 배출권을 거래하는 이른바 유연성 체제는 배출 억제 의무를 회피할 수단을 제공하기 쉽고, 2012년 이후의 계획에 대해서는 아직 결정된 것이 없기 때문에 매우 불안정한 대비책이라고밖에 할 수 없다.

### 연대의 경제와 지속 가능성

그러면 생태 사회주의자들은 이러한 생태 위기를 어떻게 극복하고자 하는가? 생태 사회주의자들은 연대성과 지속 가능성을 핵심 키워드로 제안한다. 즉 연대성에 기초한 경제를 만들고 자연을 지속 가능하게 만들어야 한다는 것이다. 이미 위에서 언급했듯이 자본주의는 시간과 공간을 독특한 방식으로 결합한 체제이다. 즉, 자본주의는 화석 연료에 의해서 비약적인 생산력 증대를 이루었으며, 모든 것을 등가성의 원리에 의해 상품으로 교환할 수 있는 산업 체계이다. 그리고 이러한 원리를 극단적으로 밀고 나간 것이 신자유주의라고 할 수 있다. 그러나 우리가 목격하고 있듯이 신자유주의가 확대된 결과, 인간과 생태계의 안보는 위협당하고 있다. 신자유주의적 글로벌화로 인해 분 생태 사회주의자들은 연대성과 지속 가능성을 핵심 키워드로 제안한다. 즉 연대성에 기초한 경제를 만들고 자연을 지속 가능하게 만들어야 한다는 것이다.

---

업과 전문성이 고도화되면서 결과적으로 노동력이 방출되어 인간의 안보가 위협받고 있는 것이다(비정규직의 증대, 양극화의 증가). 또한 늘어난 생산력을 뒷받침하기 위해 거대한 규모로 동원되는 화석 연료와 자원 소비의 결과로 생태계의 안보 역시 위험하다. 이러한 문제들에 대항하기 위해서 필요한 것이 연대의 경제와 지속 가능성이며, 당연히 이 둘은 대안적인 시간과 공간의 재편을 추구한다.

대안적인 시간과 공간을 재편하는 운동은 새로운 시간의 리듬과 자율적인 공간을 확보하는 운동이라고 할 수 있다. 시간을 다시 재편하는 것은 자본의 속도와 다른 속도를 살아간다는 의미인데, 사실 현재의 시간 리듬은 자본주의적 공업화가 원자력과 화석 연료를 손쉽게 이용함으로써 가능해진 속도이다. 흔히 대안으로 제시하는 태양 에너지 혹은 재생 가능 에너지는 지금과 같은 빠른 속도를 유지할 수 없다. 그래서 현재의 에너지 시스템(원자력과 석유 중심의 에너지 시스템)을 독점한 세력들은 태양 에너지나 재생 가능 에너지가 비현실적이라며 비웃는다. 그러나 그것은 현재의 속도를 그대로 유지하는 것을 전제했을 때에만 맞는 이야기다. 만일 우리가 화석 연료이기에 가능했던 삶의 속도를 버리고 에너지 시스템에 맞추어 시간을 다시 조직해야만 한다면 전면적인 전환이 필요할 수밖에 없다. 비단 시간만이 아니라 공간도 마찬가지다. 지금과 같이 글로벌화된 공간은 오직 현재의 원자력과 화석 연료에 의해서만 가능한 형태이다. 만일 피크 오일 이후 이러한 공간 이용 형태가 제약을 받을 수밖에 없다면, 지역을 중심으로 한 생활 방식과 산업 구조가 형성되어야 할 것이다.

이처럼 새롭게 재편된 시간과 공간 조직에 적합한 운영 원리가 연대의 경제이며 지속 가능성이다. 연대성에 기초한 경제의 예로서 여러 가지 형태의 공동체 및 조합 운동, 토지 점유와 공장 점유 운동, 도시 활동 조직, 환경 단체, 그리고 재생 가능 에너지 도입을 위해 힘쓰는 사람들을 들 수 있으며, 비영리 분야의 확대는 연대성의 경제가 현실에서 설득력을 얻어가고 있다는 유력한 증거이다. 그러나 이처럼 연대의 경제가 지역의 닫힌 체계에서만 작동될 수 있다고 보는 것은 비현실적이다. 연대의 경제는 국가적 수준, 그리고 세계적 수준에서의 지원이 동시에 필요하다. 예를 들어 신자유주의적 정부 아래에서 진행되는 연대의 경제와, 최소한의 사회적 책임을 지려는 정부 아래에서 진행되는 연대의 경제는 성공 가능성에서 큰 차이를 보일 것이다. 그래서 알트파터는 "연대적 경제의 새로운 패러다임에서 결정적으로 중요한 것은 서로 다른 영역들을 연결시키는 것과 집단적 조직 형태와 행동 전략들을 만들어내는 것이다……사회 운동은 이 영토를 신자유주의가 양산하는 탈취 전략에 맞서 계속해서 탈환해야만 한다"*라고 주장한다. 그렇기 때문에 사회 운동은 기존의 화석 연료 기반 세력들과의 치열한 헤게모니 대결로 나아갈 수밖에 없을 것이고, 지속 가능성은 이러한 투쟁의 결과물로 얻어지는 것이다.

---

• 엘마 알트파터, 《자본주의의 종말》, 296쪽.

# 5

## 사회적 생태 여성주의

**자연과 여성을 억압하는 위계적 구조 비판**

낭만주의적 생태주의의 한 조류인 문화적 생태 여성주의는 여성과 자연에 대한 본질주의적 경향을 나타내고 자본주의의 문제점에 대해 철저하지 못한 태도를 보였다. 반면 사회적 생태 여성주의는 남성과 여성, 인간과 자연의 차이를 인정하지만, 이 차이를 위계적 차별로 바꾸는 사회 구조에 대해, 특히 여성과 자연을 열등한 '타자'로 취급하는 방식에 대해 문제를 제기한다. 사회적 생태 여성주의는 사회 생태주의와 생태 여성론을 결합하려는 '사회적 생태 여성론'과 사회주의와 생태 여성론을 결합하려는 '사회주의 생태 여성론'으로 나뉜다. 그러나 낭만주의 전통에 서 있는 문화적 생태 여성주의와 대비해 고찰하자면, 이 둘은 동일한 범주로 취급될 수 있을 것이다.

사회적 생태 여성론은 북친이 제기한 사회 생태주의의 중요한

> 여성이 남성보다 자연과 더 친화적이라거나 여성적 가치가 남성적 가치보다 우월하다는 식의 주장은 가부장제의 이분법적 도식을 그저 뒤바꿔놓은 것에 불과하다.

주제인 '지배와 위계질서에 대한 문제 제기'를 수용했다. 즉, 지배와 위계질서, 그리고 이분법적 사고방식이 계급 착취, 인종 차별, 여성 억압, 자연 파괴를 초래했다고 본다. 사회적 생태 여성론자들이 보기에 생태 문제는 (문화적 생태 여성주의자들이 주장하듯) 여성 문제로 환원될 수 있는 문제가 아니라, 다른 여러 문제들과 더불어 해결해야 할 과제의 하나이다. 게다가 여성이 남성보다 자연과 더 친화적이라거나 여성적 가치가 남성적 가치보다 우월하다는 식의 주장은 가부장제의 이분법적 도식을 그저 뒤바꿔놓은 것에 불과하다. 월경, 임신, 출산, 수유처럼 재생산에 관계되는 일들은 분명히 여성들이 수행하는 역할이다. 그러나 재생산과 관계된 일을 수행한다고 해서 여성이 남성보다 더 생태적이라고 주장하는 것 또한 차별이다. 사회적 생태 여성론자들은 성별 특성이라는 것은 사회적으로 구성되는 것이기 때문에 이 사회화 과정에 적극적으로 개입하여 바람직한 성별 특성, 성 역할, 그리고 이에 기초한 생태 윤리를 만들어내는 것이 중요하다고 생각한다. 즉, 남성이든 여성이든 '보살핌에 기초한 생태 윤리'가 가능하다고 보며, 책임감 있는 대면 접촉 사회에서는 양육이 공동체적으로 행해질 것이라고 보았다. 또한 계급, 성장 환경, 혼인 여부, 문화 등으로 분화되어 있는 다양한 여성들이 어떻게 구시대의 지배 유형을 되풀이하지 않을 수 있을지에 대해서 고민한다. 이처럼 이들은 차이가 차별로 이어지지 않는 사회,

억압이 사라진 사회에서 비로소 생태적인 사회가 가능하다고 주장한다.

**자연과 여성이 해방된 사회**

사회주의 생태 여성론은 사회적 생태 여성론과 유사한 점이 많지만 좀 더 사회주의적인 시각을 유지하면서 생태 여성론을 구성하려는 입장이다. 사회주의 생태 여성론에서는 자연이나 인간 본성 모두 역사적, 사회적으로 형성되는 것으로 본다. 즉, 자연이나 인간 본성이라는 것은 역사 속의 계급 관계, 남녀 관계, 인종 등 다양한 사회적 상호 작용에 의해서 형성되는 것이다. 그러므로 오늘날 자본주의 사회에서 목격되는 자연 파괴와 여성에 대한 억압은 특정 역사와 사회 관계의 결과물이라고 볼 수 있다. 여성은 대체로 세대 간 재생산(임신, 출산, 육아 등)과 세대 내 재생산(노동력 재생산을 위한 무급 가사 노동 등)을 담당해왔으며, 오랫동안 환경과 상호 작용 관계를 맺어왔다. 그러나 식민지 및 자본주의 사회에서는 이런 상호 관계가 제한되고 있다. 예컨대 제3세계 여성들의 경우 서구의 식민지적 주변부 생산 활동에 억지로 참여하거나, 제1세계라 하더라도 생태적으로 지속 불가능한 개발 프로젝트에 포섭되어 희생되기도 한다(우라늄 채굴 노동에 동원되어 방사능에 노출된 미국 원주민 여성들의 경우). 이러한 여성 억압과 생태계 파괴 문제를 해결하기 위한 운동의 목표로 사회주의 생태 여성론이 제시하는 것은 크게 세 가지이다. 첫째, 여성 해방을 위한 사회 변혁, 둘째, 자연 해방을 위한 생태 변혁, 셋째, 제3세계에 대한 착취의 근절이다. 이러한 운동이 성공하면, 생산이 재생산이나 생태 문제에 의해 규정되는 사회, 자연과 지속 가능한 관계를 맺으면서 공존하는 사회, 선진국의 시민 사회가 제3세계 환경 운동과 연계하여 사회 정의를 증진하고 과학적인 환경 보호 운동을 전개할 수 있는 사회가 된다는 것이다. 이는 자연과 인간, 남성과 여성이 동반자적 관계로 바뀌는 사회인데, 이를 위해서는 인민들의 필요 충족에 기반을 둔 사회주의적 사회가 필요하다. 물론 기존의 사회주의는 자본주의와 마찬가지로 성장 지향적 공업화를 추구함으로써 자본주의와 동일한 종속 관계를 유지했다. 그럼에도 불구하고 자연의 경제와 인간의 경제가 동반자적 관계를 맺고자 한다면, (원리상) '인민의 탐욕 충족'이 아니라 '인민의 필요 충족'을 목표로 하는 사회주의에 자연과 지속 가능한 관계를 추구할 수 있는 가능성이 있다고 사회주의적 생태 여성론자들은 주장한다.

사회적 생태 여성주의 운동의 대표 사례인 칩코 운동 30주년 기념 사진(2004)

깊이
읽기

## 칩코 운동

인도 히말라야의 우타르 프라데시 주에서 1970년대 초반부터 전개된 '칩코 운동'은 제3세계의 사회적 생태 여성주의 운동을 잘 보여주는 사례이다. '칩코'란 힌두어로 '무엇을 껴안는다'는 의미다.

칩코 운동이 시작된 우타르 프라데시 주 차몰리 구역 만달 마을에서는 실업을 해결하기 위해 설립된 노동자 조합이 소나무 수액으로 테레빈유나 수지를 제조하는 공장을 세워 생계를 유지해왔다. 그러나 인도 산림국이 수액을 제공할 적정 분량의 나무 베기를 허가하지 않는 바람에 공장 문을 닫고 적은 양의 나무로 농기구를 만들어서 팔았다. 그런데 1971년 10월에 산림국이 테니스 라켓을 만들어 파는 사이먼사에 대규모 벌목을 허가해주었다. 그러자 조합원들은 부당한 처사라며 이에 저항했고, 1973년 3월 27일 조합원들은 사이먼사의 벌목을 저지하는 대규모 시위를 일으켰다. 결국 정부는 사이먼사에게 주려 했던 벌목 허가량 전부를 노동자 조합에 이양했다. 이때까지만 해도 칩코 운동은 실업을 해결하기 위한 것이었다. 이것이 생태 여성주의 운동으로 발전하게 된 것은 홍수 때문이었다.

우타르 프라데시 주는 히말라야 산악 지대로 마을들이 주로 산비탈 아래에 형성되어 있었다. 홍수가 나면 물도 물이지만 산사태 때문에 상당히 위험한 곳이다. 특히 살림살이를 책임지고 있던 여성들에게 홍수와 산사태는 엄청난 공포였다. 수해 복구 활동을 하면서 '사르보다야'라 불리는 사회·환경 운동을 이끌던 지도자 바트C. P. Bhatt 와 그의 동료들은 산기슭이 황폐해지는 바람에 산사태 피해를 키운다는 사실을 알게 되었다. 이런 차에 산림국에서 아라크난다 강 맞은편 레니 숲의 나무 2,500그루를 베겠다고 발표했다. 벌목과 산사태의 상관관계를 알게 된 바트와 동료들은 사람들에게 나무를 껴안아서 나무를 지키자고 제안했다. 그런데 이 말을 듣고 실행에 옮긴 것은 남성들이 아니라 여성들이었다. 여성들은 숲을 친정어머니의 집으로 비유하면서 벌목하는 사람들에게 나무를 베는 대신 자신을 총으로 쏘라면서 당당하게 맞섰다. 여성들의 단호한 태도에 놀란 주 정부는 결국 벌목과 산사태의 관계를 조사하는 위원회를 결성하고, 벌목 회사는 벌목꾼들을 철수시킨 후에 위원회의 결정에 따르기로 했다. 2년간의 조사 끝에 이 지역이 생태적으로 민감하며 벌목은 위험하다는 결정이 내려졌다.

칩코 운동이 성공하자 유사 운동들이 줄지어 이어졌다. 여성들이 칩코 운동에 적극적으로 나서고 실질적인 리더가 될 수 있었던 것은, 숲이 자신들이 책임지고 있는 가사, 가축, 농사 등과 직결되어 있다는 것을 남성들보다 훨씬 더 실감하고 있었기 때문이다. 이는 사회 구조적 측면과 더불어 여성들의 고유한 감수성이 결합한 강력한 사회 운동이라고 볼 수 있다. 결국, 칩코 운동을 통해 우타르 프라데시 주 여성들의 사회적 지위는 향상되었으며, 의사 결정 과정에 참여하고 여성들만의 조합을 결성하기도 했다.

# 5장

**생태주의 비판, 그리고 몇 가지 질문들**

## 1

## 복잡한 세계와 위험의 증가, 그리고 생태주의

**기후 변화의 위협**

오늘날 현대 문명은 위기에 처해 있음이 분명하다. 현재 인류가 직면한 가장 복잡하고 예상하기 어려우며, 우리 문명의 지속 가능성을 위협하는 것은 기후 변화 문제라고 할 수 있다. 기후 변화의 이슈는 그동안 크게 주목받지 못했던 생태주의 이데올로기를 대중적인 것으로 만들어놓기에 유리한 측면이 있다. 기후 변화로 인해 전 지구적 환경의 중요성을 다시금 생각해보고, 기존의 자원 특히 화석 에너지(석유, 천연가스, 석탄 등)의 이용 방식도 돌이켜 생각해볼 수 있기 때문이다. 실제로 현재의 산업 문명은 뼛속까지 화석 에너지에 중독된 문명이기 때문에, 온실가스 배출을 줄이기 위해서 화석 에너지 사용을 대폭 줄여야 한다는 말은 곧장 산업 발전을 멈추고 편리한 생활을 포기해야 한다는 뜻으로 해석된다. 따라서 화석 에너지 절약 자체가 큰 공포와 위기로 다가온다. 더군다나 강대국들은 곧 바닥을 드러낼 석유 자원을 더 안전하게 확보하기 위해 전쟁도 불사하고 있어 상황은 예전보다 더 심각하다. 사람들이 생태주의자들의 주장에 귀 기울일 가능성은 여기에 있다.

그러나 기후 변화 이슈는 생태주의자들에게 익숙한 생각을 바꿀 것도 동시에 요구한다. 즉, 인간의 산업 활동으로부터 자연 환경을 보호해야 한다는 '환경 보호' 패러다임에서, 성난 기후와 자연재해로부터 인간을 보호해야 한다는 '인간 보호' 패러다임으로 옮겨 가야 한다는 것이다. 더 쉽게 말하자면 지금은 지구와 자연을 보호하자고 주장할 때가 아니라는 것이다. 지구는 인간이 기후 변화라는 원인에 의해 멸종되든 말든 계속 우주 속에 존재할 것이기 때문이다. 이것은 특히 낭만주의적 전통에 기대고 있는 생태주의자들에게는 상당히 당혹스러운 상황이다. 빈인간주의자, 반성장주의자라는 평가를 받으면서까지 환경과 자연을 보호해야 한다고 주장했던 생태주의자들은 이제 엄청난 위험으로 다가오고 있는 기후 변화에 맞서 인간을 보호할 방법을 내놓아야만 하는 것이다.

또한 기후 변화는 생태주의적 가치에 기초해 전개돼온 기존의 운동과는 다른 운동 방식을 요구한다. 기후 변화는 일반적인 환경 오염처럼 직접 눈으로 확인할 수 있는 문제가 아니라 거의 전적으로 과학자들에게 의존해야 하는 문제이다. 예컨대 지어떤 과학적 사실이 만들어지는 것은 객관적 과정보다는 정치적 과정에 가깝다. 어떤 과학적 지식이든 사회적 속성을 갖는다는 의미이다.

구 온난화와 관련해서 가장 많이 알려진 '지구 평균 기온'은 실제로 존재하는 온도가 아니다. 광범위한 자료 측정과 해석, 과학적 모델링을 거쳐서 나온 수치이다. 그리고 이렇게 도출된 값에 의존해서 지구 온난화에 대해 모니터링하거나 지구 온난화로 인한 피해나 악영향 등을 판단하게 되는 것이다. 그러므로 기후 변화에 대한 사회적 운동은 가치에 의한 운동이라기보다는 과학적 사실에 의해서 방향과 전략이 결정되는 운동이다. 물론 어떤 과학적 사실이 만들어지는 것은 객관적 과정보다는 정치적 과정에 가깝다. 이것은 과학이 주관적이라는 의미가 아니라, 어떤 과학적 지식이든 사회적 속성을 갖는다는 의미이다. 즉, 어떤 과학적 지식이 사회적으로 정상적인 것으로 인정받기까지는 복잡한 과학적 논쟁과 토론, 정치적이거나 정책적인 판단 등을 거치게 된다는 것이다. 기후 변화에 대한 많은 과학적 사실들도 이러한 과정을 거쳤으며, 또 그 과정 중에 있다. 예컨대 초국적 석유 회사들의 지원을 받는 과학자 집단은 끊임없이 기후 변화에 대한 회의론을 생산한다. 그렇다면 당위적인 생태주의적 가치에만 의존해서는 기후 변화 대응 운동을 전개하는 데 한계가 있을 수밖에 없다.

## 사전 예방의 원칙

기후 변화와 관련해서 생태주의적 운동이 처한 곤경을 잘 보여주는 사례는, 앤서니 기든스가 '사전 예방의 원칙precautionary principle'이 기후 변화 대응에서는 쓸모없는 원칙이라고 주장한 것이다. 그의 말에 의하면 사전 예방의 원칙은 특히 위험의 문제를 다룰 때 녹색 운동 진영에서 광범위하게 받아들여지고 있는 원칙이다. 사전 예방의 원칙은 1970년대에 독일의 환경 정책에 도입되었으며, 1992년 '리우 선언문'에 '사전 예방적 접근precautionary approach'이라는 이름으로 포함되었고, '오존층 협약'(1987), '생명공학 안전성 의정서'(2000) 등에 채택되었다. 사전 예방의 원칙에는 환경과 인간에게 피해를 줄 위험성이 있는 행동이나 정책에 대해 과학적 합의가 없을 경우 이를 입증할 책임이 그 행동이나 정책의 사용을 찬성하는 측에 있다는 행동 규범이 따른다.

기든스는 사전 예방의 원칙이 쉽게 말해서 "나중에 후회하느니 안 하는 편이 낫다"라는 일상적 금언과 같은 것이라고 본다. 그리고 이 규범이 이와 비슷하게 일상적으로 사용되는 "망설이다 기회를 놓친다"라는 금언보다 굳이 앞서야 할 근거는 없다고 주장한다. 사전 예방의 원칙이 유명해진 것은 "자연 보전을 지향하는 녹색 운동과 애초부터 깊이 밀착되어 있기 때문인데, 자연 보전주의자들은 우리가 자연의 과정에 간섭하는 일에 대해서 얼마나 심사숙고해야 하는지를 하나의 원칙으로 쉽게 정리했다"*는 것이다. 기든스가 보기에는 위험에 대한 태도로서 두 가지가 공존한다. 하나는 사전 예방의 원칙과 같이 위험에 대해 신중한 태도이고, 다른 하나는 모험을 감수하는 대담한 혁신적 태도이다. 이 중에서 후자가 과학의 진보나 부의 창조에 이르기까지 우리 생활 모든 영역에서 새로운 사고를 도입하는 데 필수적인 태도이다. 특히 기후 변화와 같은 새로운 문제는 '망설이다가 기회를 놓친다'는 경구에 귀 기울여야 할 인류 역사상 최대의 사안이 될 수 있다는 것이다.

그래서 결국 기든스는 기후 변화와 관련해 사전 예방의 원칙을 폐기할 것을 주장한 것인데, 필자가 보기에 이것은 아기를 목욕시킨 물을 버리면서 아기까지 버리는 상황과 같다. 사전 예방의 원칙은 새로 생성된 화학 물질의 부작용이나 원자력 발전처럼 위험이 대단히 큰 사회적 행위들에 대한 정당한 사회적 감시나 비판을 가능하게 해주기 때문이다. 물론 기든스의 비판을 사전 예방의 원칙의 오용 혹은 남용에 대한 경고로 국한해 이해하자면, 이는 생태주의적 운동을 전개할 때 중요하게 고려해야 할 사안이다. 기후 변화와 같이 불확실하고 복잡한 내용에 직면해서 생태주의적 가치에 부합하는 원칙만을 제시하는 것은 분명

---

* 앤서니 기든스, 《기후변화의 정치학》, 홍욱희 옮김(에코리브르, 2009), 88~89쪽.

한계가 있기 때문이다. 이제 기후 변화와 같은 불확실하고 복잡한 문제에 직면해서 생태주의 운동은 지난한 과학적 논쟁과 토론, 불확실성과 위험에 대한 사회적 합의 도출 등 복잡하고 어려운 과제에 임해야 한다.

## 2

## 생태적 사회로의 전환

### 통찰의 진화와 생태적 사회

기후 변화와 같이 우리 인식의 한계를 넘어설 정도로 복잡한 문제들의 도전을 생태주의는 어떻게 극복할 수 있을까? 다시 말해서 복잡하고도 위험해서 우리의 안보를 위협하는 문제들에 대한 생태주의적 해법은 어떤 것이어야 하는가? 일반적으로 복잡한 문제가 계속해서 증가하고 어떤 문명이 인식의 한계점에 도달하게 되면, 사람들은 지식과 믿음의 균형을 잃고, 입증되지 않은 믿음에 의지하게 된다. 따라서 근본적인 해결책을 찾으려면 지식과 믿음의 균형을 되찾는 일이 무엇보다 중요하다. 기존의 지식에 대한 과도한 집착도 문제 해결에 도움이 되지 않지만, 기존의 지식이 복잡한 문제를 제대로 해결하지 못한다고 해서 검증되지 않은 믿음에 과도하게 매달리는 것 역시 개인이나 사회의 발전에 도움이 되지 않기 때문이다. 그러므로 우리에게 필요한 것은 지식의 부흥, 병행적 점진주의, 그리고 통찰의 진화이다.

과학적 사실에 기초한 지식이 부흥하려면 과학적 연구가 여러 가지 믿음에 의해 흔들리지 말아야 한다. 그런데 코스타도 지적하듯이 오늘날 교육 기관의 순수성이 여러모로 훼손되고 있다. 오늘날의 대학들은 연구 자금 조달의 어려움 때문에 점점 더 많이 대기업에 의존하게 되는데, "그 결과 지식 자체를 위한 연구보다는 상업적 성공 가능성이 있는 연구가 자금을 지원받을 가능성이 훨씬 더 높아졌다. 이는 대학이 연구의 우선순위를 정하는 데 극적인 영향을 미친다".* 대학만이 아니다. 장기간에 걸친 연구나 취재에 의거해서 기사를 쓰는 언론을 찾기가 점차 어려워지고 있다. 개인들 역시 참된 지식을 추구하기가 어려워졌다. 여러 종류의 정보는 문자 그대로 넘쳐나고 있지만, 어떤 것이 검증받은 지식과 정보인지 의심하는 이를 찾기도 어렵고, 또 먹고 살기에 급급해 정신없이 사는 개인들에게 그런 일을 기대하기도 어렵다. 한국의 경우에도 다양한 소셜 미디어가 발달하면서 지식을 공유하고 서로 소통할 기회는 늘어났지만, 오히려 소통이 폐쇄적으로 이뤄질 가능성이 높다. 듣고 싶은 것만 듣고, 이야기하고 싶은 사람하고만 이야기하는 경향이 나타나고 있기 때문

---

* 레베카 코스타, 《지금, 경계선에서—오래된 믿음에 대한 낯선 통찰》, 장세현 옮김(샘앤파커스, 2011), 310쪽.

이다. 그러므로 과학적 사실에 기초한 지식을 부흥시키려면 지식을 추구하는 것이 돈을 버는 것만큼이나 중요하고 사회적으로 의미 있는 일이라는 것을 인정하는 문화가 확대되어야 한다. 이러한 문화를 정착시키는 데는 이웃들과 특정한 주제들을 다루는 학습 활동, 토론 그룹, 연구 모임 등을 활성화하는 것이 출발점이 될 수 있을 것이다. 나아가 지역 공동체나 지자체, 기업, 학교 등에서도 다양한 학습 및 연구 모임을 활성화할 필요가 있다.

한편, 앞서 말한 것처럼 어떤 문명이 인식의 한계점에 도달하게 되면, 사람들은 대체로 그 문제를 근본적으로 해결하려 하기보다는 단기간에 즉시 효과가 있고 비용도 많이 들지 않는 여러 가지 완화책에 매달리게 된다. 예컨대 체크리스트 같은 것을 만들어서 정신없이 복잡하게 돌아가는 업무 상황에서 실수를 줄이고 시스템을 안정적으로 운영하는 방법을 찾는 것이다. 하지만 이러한 해결책은 증상은 완화시키지만 근본적인 해결을 가져오지는 않는다. 물론 그럼에도 불구하고 다양한 정체성의 완화책을 동시에 사용할 경우에는 효과를 거둘 수 있다. 이를 병행적 점진주의라고 한다. 여기서 핵심은 '동시에' 사용한다는 것이다. 문제가 워낙 복잡해서 어느 하나의 방법에 의존해 결과를 기다렸다가 다른 방법을 쓰는 식으로 해서는 문제를 해결할 수 없기 때문이다.

하지만 병행적 점진주의 역시 효과적인 완화책일 뿐이다. 문

문명을 위협하는 복잡한 문제를 근본적으로 해결하기 위해 우리가 사용해야 할 강력한 무기는 통찰이다. 통찰은 체계적이고 분석적인 사고와는 정반대되는 것으로, 다양한 현상을 하나로 환원해 설명하는 방식이 아니라 사물의 새로운 관계를 발견하는 방식이다.

---

명을 위협하는 복잡한 문제를 근본적으로 해결하기 위해 우리가 사용해야 할 강력한 무기는 통찰이다. 통찰은 아르키메데스가 목욕탕에서 문득 부력의 원리를 발견했을 때, 뉴턴이 사과가 떨어지는 것을 보고 만유인력의 법칙을 발견했을 때처럼 섬광과 같이 뇌리에 떠오르는 생각, 뭔가 막혔던 문제를 시원하게 해결해주는, 즉흥적으로 머리에 떠오르는 '아하!' 하는 생각을 말한다. 이것은 우리가 오랫동안 의지해온 체계적이고 분석적인 사고와는 정반대되는 것이다. 통찰은 다양한 현상을 하나로 환원해 설명하는 방식이 아니라 사물의 새로운 관계를 발견하는 방식이다. 통찰에 의해 그 전까지 보이지 않았던 관계들이 갑자기 보이기 시작하면서 문제 해결의 실마리가 드러나는 것이다. 이 통찰은 천재들의 전유물이 아니라 일반인들에게도 가능한 것이며, 신비 체험이 아니라 뇌의 특정 영역이 활성화되는 다분히 생물학적인 현상이다.

흥미로운 것은, 필요할 때 자유롭게 통찰할 수 있어서 복잡한 문제를 해결할 수 있는 사회는 대체로 노동에서 해방된 사회에 가깝다는 것이다. 즉, 사회 생태주의자들이나 정치 생태주의자들이 이상적으로 생각하는, 여가가 많고, 사회적 수당과 같은 제도가 있어서 기본적 생활 보장에 대한 염려가 적으며, 자율적인 노동을 통해 행복을 추구하는 그런 사회는 통찰을 통해 문제를 해결하려는 사회와 상당히 부합된다. 코스타에 따르면, 이러한 사회는 다음과 같은 모습이다. 정부 기구의 구성원의 수가 매우 적은 정부, 두뇌 활동을 촉진하는 음식은 무상으로 제공하지만 정크 푸드는 대단히 비싸게 파는 시장, 시간외 수당은 금지하되 급여는 넉넉히 지급해서 충분한 수면을 취할 수 있게 하는 회사, 고혈압, 당뇨병, 우울증 약값 대신 미술 공부나 운동에 드는 비용을 지원하는 보험 회사, 하루에 몇 번씩 강제적으로 휴식 시간을 갖게 하는 회사, 차를 타기보다는 흙길을 더 자주 걸을 수 있는 도시, 두뇌 훈련이 체계적으로 실시되어 치매 노인이 거의 없는 사회.\*

코스타의 주장을 환원주의적 설명 방식이나 단기간에 효과를 볼 수 있는 완화책에만 매달리기보다 통찰을 통해 다양한 관계들 간의 상관성을 새롭게 재조직하고 해결책을 찾아보자는 제안으로 이해한다면, 그리고 그녀가 제시하는 사회상이 대단히 생태주의적이라면 생태주의자들은 통찰이라는 인간의 인식 능력의 진화에 대해 진지하게 검토해봐야 할 듯하다. 아마도 그것은 복잡하고 다양하게 얽혀 있는 관계들을 새로운 각도에서 성찰하고 다른 방식으로 조직함으로써 뜻밖의 돌파구를 만들어내는 생태주의적 운동의 원동력으로 작용할 수도 있을 것이다.

---

\* 레베카 코스타, 《지금, 경계선에서—오래된 믿음에 대한 낯선 통찰》, 390쪽.

## 초국가적 어소시에이셔니스트 운동

기후 변화와 같이 복잡하고 어려운 문제들을 해결하기 위해 통찰과 같은 인식 능력을 최대한 활용해야 한다는 문제와 누가 생태적 사회로의 전환을 실제로 이끌어낼 것인가의 문제는 서로 다른 차원의 문제이다. 즉, 통찰로 복잡한 문제들에 대응해야 한다는 것은 가능성의 차원이고, 생태적 사회로의 전환을 누가 어떤 전략을 통해 수행할 것인가는 현실적 차원이기 때문이다. 비록 스스로를 생태주의자라 규정한 적은 없지만 생태주의에 중요한 단서를 제공한 인물인 문학 평론가 가라타니 고진의 말에 귀 기울여보자. 고진에 의하면 자본주의 제도 실시 이후 형성된 국가는 자본주의적 민족 국가이다. 이러한 국가에서는 자본의 자유로운 활동에 의해 생긴 경제적 불평등과 계급 대립을 국민으로서의 상호 부조적인 감정으로 제거하고(예컨대 노동조합을 불허하는 '삼성'은 문제가 많지만 대한민국 기업이니까 지지해야 한다는 식으로), 국가가 개입해 규제함으로써 부를 재분배한다. 또한 자본의 외부라고 할 수 있는 인간의 노동력과 자연환경의 재생산도 민족 국가가 개입해 보장하거나 자본주의적 경제 체제 속으로 끌어들인다.* 예컨대 기후 변화 문제를 해결하기 위해 자본주

가라타니 고진

---

* 가라타니 고진, 《트랜스크리틱―칸트와 마르크스 넘어서기》, 송태욱 옮김(한길사, 2005), 468쪽.

의적 민족 국가는 탄소세 혹은 탄소 시장과 같은 시장 메커니즘이 적절하게 운영될 수 있도록 제도를 정비하고 법규를 강화하는 방식으로 움직이는 것이다. 그래서 자본-국가-민족의 삼위일체를 쉽게 파괴하기가 어렵다.

설사 이 삼위 일체적 결합 속에서 국가를 내부적으로 사회 민주주의적으로 바꾼다 하더라도 이 민족 국가는 기본적으로 중상주의적이며, 다른 민족 국가에 대해 패권주의적일 수밖에 없다. 삼위일체의 한 부분인 자본주의만 타도하면 된다는 식으로 주장하면 결국 국가적인 관리를 강화하거나 민족 감정에 부딪히게 될 수도 있다. 사실 사회 민주주의는 자본주의를 극복한 형태가 아니라 자본-국가-민족의 삼위일체가 살아남을 수 있는 가장 세련된 최후의 형태라고 할 수 있다. 따라서 '환경을 고려한 사회 민주주의적 전략'(예컨대 생태 복지 국가)을 제시하는 것은 기후 변화와 같은 복잡한 문제를 다루기에는 한계가 있다. 그렇다면 기후 변화를 고려한 생태적 사회로의 전환은 어떻게 가능한가?

우선 주목해야 할 것은 자본주의적 생산의 문제점에만 골몰하는 것에서 벗어나 자본의 잉여 가치 실현의 계기인 유통과 소비 부문까지 사유의 지평을 넓히는 일이다. 자본의 지구방화glocalization 이후, 선진국의 경우 노동조합의 투쟁은 의도한 바는 아니겠지만 구조적으로 해외 식민지 혹은 더 부드럽게 말하자면 저발전 국가에서 얻은 잉여 가치를 분배하도록 요구하는 일이 되

> **착취자로서의 선진국 노동조합**
> 선진국 노동조합은 결과적으로 저발전 국가를 착취하는 셈인데, 이와 동일한 착취 구조가 국내의 정규직 노동조합과 비정규직 노동자들 사이에도 존재한다.

어버렸다. 결국 저발전 국가의 입장에서 보면 선진국의 자본과 노동은 국제적으로 이해를 공유하는 집단으로 비친다. 또한 노동자들은 생산 단계에서는 능동적 주체인 자본에 비해 늘 수동적 주체로 자리매김된다. 이처럼 지구방화된 경제 시스템 속에서 배타적인 민족 국가에 포획되고, 생산 단계에서도 수동적인 주체로 자리매김되는 노동자들이 생산 단계에서의 파업이라든가 공장 점거를 통해 자본주의를 극복한다는 것은 아주 예외적인 상황(전쟁에서 패배하여 국가와 자본의 운동이 마비된 경우)을 제외하고는 불가능한 일이다. 그렇다고 해서 노동조합 운동의 경제 투쟁의 성과를 과소평가하자는 말은 아니다. 역사적으로 이 투쟁은 노동 조건 개선, 노동 시간 단축, 임금 인상 등 분명한 성과를 거뒀고, 여전히 필요하다. 하지만 유통과 소비 단계에 대해서는 노동조합이 아직 본격적인 대응 전략을 수립하거나 투쟁을 해보지 않았다. 마르크스도 지적했듯이 상품은 바로 이 유통과 소비 단계에서 가치를 실현하기 위해 목숨 걸고 도약해야 한다. 이 도약의 성패를 쥔 이가 바로 노동자이다. 즉, 소비의 영역에서는 화폐를 가지고 상품을 구입하는 노동자가 소비의 주체로 등장할 수 있는 것이다. 화폐 경제에서 판매와 구매, 혹은 생산과 소비는 분리되어 있고, 이 분리는 노동자와 소비자를 분리시키며, 더 나아가 노동 운동과 소비자 운동을 분리시켜왔다. 그리고 노동 운동의 입장에서 환경 보호 운동이나 소수자 권익 보호

### 소비의 주체로서의 노동자

금융 자본화가 심화되는 단계에서 노동자들의 소비가 얼마나 영향력 있을까 하는 의문이 들 수도 있다. 그러나 2008년 미국 서브프라임 모기지 사태에서 비롯된 금융 위기에서 알 수 있듯이, 현란한 금융 공학에 의한 파생 상품이라는 것도 결국 실물 경제에서의 소비자들의 채무 이행 능력 혹은 지불 능력을 전제로 하는 것이기 때문에 실제로 이러한 지불 능력이 뒷받침되지 않으면 금융 자본에 의해 뒷받침되는 자본 순환 시스템도 급속히 붕괴하는 것이다.

---

운동 등 일반 시민운동은 부르주아들의 운동이라고 치부되어왔다. 그러나 결국 소비자가 노동자임을 감안할 때 소비자 운동은 노동 운동이고 노동 운동이 소비자 운동의 위상을 가질 때 국지적인 한계(특정한 계급 이익의 추구)를 넘어서서 외연을 확대할 수 있는 계기이다.

물론 이 소비의 주체가 자본-임노동 관계에서 분리되면 대단히 추상적인 범주로 전락하고, 소비 욕망을 자극받는 피동적인 존재로 보인다. 그러나 소비자가 자본-임노동 관계라는 맥락 속에 위치하고, 자본에 대항하는 운동의 주체로 서게 되면 전혀 다른 지평이 나타난다. 즉, 소비자인 노동자들의 자본에 대한 저항 운동은 그람시의 진지전陣地戰으로 해석될 수 있는 것이다. 이것은 과거의 소비자 운동이나 보이콧 운동을 그대로 답습하자는 것이 아니라, 자본의 잉여 가치 실현의 계기에 소비자들이 직접 개입하는 창조적인 운동을 전개하자는 것이다. 고진은 노동 운동과 소비자 운동(시민운동)의 결합은 단순한 정치적 연대에 머무르지 않고 그 자체로 새로운 운동(초국가적인 소비자로서의 노동자 운동)이 되어야 한다고 주장하며, 이를 "초국가적 어소시에이셔니스트 운동transnational associationist movement"이라고 이름 지었다.

이 운동은 자본주의의 화폐-상품-화폐 회로 밖에 있는 생산과 소비의 형태(생산-소비협동조합)를 창조하는 운동이고, 윤리적 주체가 성립할 수 있는 장을 만드는 운동이다. 즉, 자본이 불

**윤리적 주체**
고진은 자본 증식 운동에 저항하는 것은 도덕적 차원, 즉 칸트적 의미에서의 도덕적 차원의 운동이라고 본다. 이는 자본의 운동에 저항하는 윤리적 주체를 보편적 윤리의 담지자로 이해한다는 뜻이라고 볼 수 있다.

**어소시에이션 운동과 네트워크의 중심**
어소시에이션들이 파편화되고 고립화되면 자본-민족국가에 의해 회수될 수 있기 때문에 어소시에이션 네트워크는 사회적 국가 내에 일정한 중심을 두어야 한다.

러 일으키는 착취, 소외, 불평등, 환경 파괴, 여성 차별 등에 대항하는 윤리적 주체들에 의한 도덕적 운동인 것이다. 고진은 이 운동을 실현하는 데 지역 화폐의 역할이 중요함을 강조한다. 자본 축적의 기능이 아닌 유통 기능만 갖는 지역 화폐는 시장적인 교환만을 촉진하고, 노동자로서의 소비자가 자유롭고 주체적으로 형성되는 것을 도와주며, 비자본제적 생산-소비협동조합의 존재도 가능케 하기 때문이다.

그런데 여기서 주의할 것은, 자본제 시장 경제의 사멸이 시장 경제의 사멸을 의미하는 것이 아니며, 정치적 국가의 사멸이 무정부 상태를 의미하는 것이 아니라는 점이다. 폭력적이고 패권적인 정치적 국가가 아니라 평화적이고 복지 지향적인 사회적 국가에서 시장 경제가 유지되어야 하고, 사회적 국가 내에 일정한 중심을 둔 여러 층위의, 또 여러 종류의 어소시에이션들 간의 네트워킹이 새로운 운동의 과제가 되어야 한다는 것이다. 고진의 이러한 초국가적 어소시에이셔니스트 운동은 일상생활이 이뤄지는 지역에서 생태주의적 전환을 위해 필요한 것이 무엇인지에 대해 고민해볼 계기를 제공한다.

**깊이 읽기**

## 문명의 붕괴

제레드 다이아몬드는 《문명의 붕괴》에서 여러 문명이 흥망성쇠를 거듭하는 데 일정한 규칙이 있다는 것을 방대한 역사적, 인류학적 자료를 인용하면서 보여주고 있다. 그에 따르면 어떤 사회가 붕괴하는 것을 파악하기 위해서는 크게 다섯 가지 요인을 고려해야 한다. 첫째, 사회의 구성원에 의한 무모한 환경 파괴. 둘째, 인간의 행위와 무관하게 진행된 자연의 변덕이라고 할 수 있는 기후 변화. 셋째, 적대적인 이웃의 침략. 넷째, 우호적인 이웃의 지원이 중단되거나 줄어듦. 다섯째, 한 사회에 닥친 문제에 대한 구성원들의 반응. 다이아몬드는 이 다섯 가지 요인을 중심으로 다양한 문명의 붕괴 사례를 살펴보았는데, 그의 설명을 거칠게 요약하자면 문화와 생태의 공진화共進化에 실패할 경우 문명이 붕괴한다는 것이다. 즉, 문화가 생태적 조건의 변화에 적절히 적응하고, 다시 적응된 문화를 통해 유리한 생태적 조건이 유지됨으로써 문화와 생태가 함께 진화해갈 때 문명은 살아남고, 그렇지 못한 경우에는 붕괴한다는 것이다.

다이아몬드가 드는 사례 중에서 공진화의 중요성을 잘 보여주는 것이 노르웨이령 그린란드의 사례와 카리브 해의 히스파니올라 섬의 사례이다. 그린란드의 경우 노르웨이인들이 그린란드의 기후 조건을 고려하지 않고 계속 유럽식 문화(종교, 의복, 음식, 건축 양식 등)를 고수하는 바람에 결국 현지 적응에 실패했다. 즉 그들은 그린란드의 희소 자원인 나무를 베서 성당을 지었고, 추위에 취약한 유럽식 의복을 입었으며, 계속되는 벌목으로 토양이 침식되고 혹한기가 길어져 식량이 부족해지자 결국은 자신들의 생명줄이라고 할 수 있는 동물들을 적정 비율 이상으로 소비했다(어느 정도 남겨두어야 동물이 계속해서 식량 공급원이 될 수 있었다). 게다가 그린란드 환경에 완벽하게 적응한 이누이트들(에스키모라고 왜곡되어 알려진)의 생존 전략이나 사냥법을 이교도의 문화라고 배척했다. 그래서 결국 그린란드의 유럽 문명은 붕괴하게 되었다.

한편, 문화와 생태의 공진화에 성공한다는 것은 단순히 자연환경에 순응한다는 것만을 의미하지 않는다. 오히려 정치적 의지가 더 중요하다. 즉, 환경적 위협을 사회가 어떤 정치적 판단과 결심에 의해 극복하느냐가 더 중요한 것이다. 카리브 해의 히스파니올라 섬을 양분하고 있는 아이티와 도미니카 공화국의 경우는 두 나라가 비슷한 환경적 조건에서 출발했지만 각자의 역사적 경험, 정치적 의지, 사회경제적 제도에 따라 판이한 환경적 결과를 초래했다는 것을 보여주고 있다. 히스파니올라 섬은 원래 산악 지대뿐만 아니라 심지어 평야 지역에도 숲이 울창한 섬이었다. 그러나 현재 아이티와 도미니카 공화국의 삼림은 현저히 파괴된 상태이다. 특히 아이티는 정도가 심해서, 전체 면적에서 녹지가 차지하는 비중이 1퍼센트밖에 되지 않으며, 도미니카 공화국은 28퍼센트에 달한다. 두 나라 모두 빈국이라고 할 수 있지만, 아이티는 극심한 빈곤에 시달리고 있으며 인구 밀도도 신대륙에서 가장 높다. 도미니카 공화국은 아이티에 비해 인구 밀도가 낮고 1인당 국민 소득은 다섯 배나 높다.

이처럼 자연조건상의 차이도 있지만, 두 나라의 결정적인 차이는 두 나라 독재자들의 통치 스타일 혹은 통치 철학의 차이에서 기인한 것으로 보인다. 도미니카 공화국의 트루히요, 그리고 그 뒤를 이은 발라게르는 아이티의 뒤발리에 부자父子와 달리, 공업 경제의 발전을 추구했다. 물론, 군대를 동원해 빈곤 계층을 무자비하게 쫓아냄으로써 인권 차원에서 논란의 여지를 남기긴 했다. 그러나 나무를 베어서 숲을 만들 수밖에 없었던 아이티에 비해 도미니카 공화국은 자연 보호 구역과 국립 공원 제도를 단호하게 지켜냄으로써 녹지 면적을 상당 부분 유지할 수 있었다. 특히 발라게르 대통령은 환경에 악영향을 끼치는 여러 대형 공사(국립 공원 관통 도로 공사, 산티아고 국제 공항과 초대형 항구 및 마드리갈 댐 건설 공사 등)를 중단시켰고, 그 대신에 산토도밍고 시에 수족관, 식물원, 자연사 박물관, 국립 동물원을 지어 관광 명소로 활용했다.

반면 아이티의 독재자들은 국가 전체의 복지 수준을 올리고 환경을 보전하겠다는 의

지가 부족했다. 외국인 관광객들을 위한 휴양지는 아이티의 문제와는 격리되어 있고, 콜롬비아에서 미국으로 밀반출되는 마약의 대부분이 아이티를 거쳐 간다. 시골에 살거나 수도인 포르토프랭스의 슬럼가에 사는 가난한 대중들과, 포르토프랭스의 중심지에서 차로 30분 거리에 있는 서늘한 산간 교외 지역 페티옹빌에 살면서 값비싼 프랑스 요리와 와인을 즐기는 소수의 부유층 엘리트들 사이에는 깊은 간극이 존재한다. 아이티는 인구 증가율이 높을 뿐만 아니라, 에이즈·결핵·말라리아 등과 같은 질병의 감염률도 신대륙에서 가장 높은 편이다. 게다가 2008년 가을에 발생한 허리케인으로 아이티의 상황은 더 악화되었다.

정치적으로 독재를 행사한 도미니크 공화국의 발라게르 대통령이 왜 그렇게 환경 친화적인 정책을 추진하고 관철시켰는지는 잘 알려져 있지 않다. 다만, 여기서 주목해야 할 것은 한 사회의 운명, 즉 생태적 위협의 결과는 상당 부분 그 사회의 정치적 결단에 좌우된다는 사실이다. 이것은 문화와 생태의 공진화가 역동적으로 진행될 때 한 사회의 정치적 결정이 상당히 중요한 요인으로 작동한다는 사실을 보여준다. 우리 사회에서는 인식의 한계를 넘어서는 새로운 도전에 적절하게 대비할 정치적 결단을 누가, 어떻게 하고 있을까?

# 맺는말―생태 사회로의 이행을 위한 통찰력과 상상력

이 책에서 다루는 생태주의는 포괄적인 생태 담론, 즉 생태론 중에서도 비교적 일부에 해당하는 담론이다. 즉, 지금까지의 생태주의는 근본적으로 공업 사회가 자연을 이용하는 방식에 대해 문제를 제기하면서 이것을 비판적으로 수용하고 극복하려는 이데올로기들에 국한돼 있다. 그러한 생태주의는 낭만주의적 전통에 기대거나 합리주의적 선동에 기대어 전개되기도 했다.

어떤 논의든 마찬가지지만, 추상의 수준이라는 것이 있어서 논의의 범주를 한정하기는 쉽지 않다. 추상화를 크게 하면 어떠한 구분도 무의미해지고, 반대로 추상화를 작게 하면 훨씬 더 세분화된 논의로 들어가야 할 것이기 때문이다. 그렇기 때문에 이 책에서 생태주의를 검토한 방식이 최선이라고 보기는 어렵다. 다만, 자연을 생산하고 소비하는 지금까지의 방식으로 인해 처하게 된 현재의 상황을 진단하고 극복하려는 다양한 노력들을 나름대로 차별화해 제시한 것이 이 책의 구성이 가지는 의의이다.

흥미로운 것은 어떤 생태주의 이데올로기도 현재의 자본주의 체제가 생태적인 측면에서 바람직하다고 생각하지 않는다는 것이다. 자본주의와 사회주의 등 모든 사회 체제에는 문제가 있으며 그 문제의 본질적 원인은 인간의 자연 지배라고 생각하는 입장도 있었고, 자본주의 시장을 성장과 환경 파괴의 갈등을 해결할 수 있도록 설계하면 환경 문제는 충분히 자본주의적인 방식으로 해결될 수 있다고 믿는 입장도 있었으며, 기존의 사회주의에는 한계가 있으나 역시 사회주의적인 방식이 자연과 사회의 지속 가능성을 더 보장해줄 것이라고 믿는 입장도 있었다.

그러나 이러한 견해 차이보다 더 중요한 것은 오늘날 생태주의 이데올로기가 대단히 복잡하고 위험하며 불확실한 문제들에 대해 해결책을 내놓아야 하는 어려운 과제에 직면해 있다는 사실이다. 이러한 문제들은 과거의 어떤 생태주의적 이데올로기에 기초한 성공 경험이나 확고한 가치관에만 의지해서는 해결되지 않는다. 오히려 다양한 이데올로기의 여러 가지 해결책들이 각축을 벌여야 하고 무엇보다 여러 가지 수단들이 동시에 적용될 수 있어야 한다. 모든 문제에 적용 가능한 만능의 수단이란 있을 수 없으며, 어떤 이데올로기가 더 우월하다고 보기도 쉽지 않다. 물론 특정한 상황과 여건에서는 단기적으로 어떤 이데올로기의 현실 적합성과 장점이 구분될 수 있을 것이고, 또 때로는 반드시 특정 이데올로기가 유용한 경우도 있다. 예컨대 생태 파시즘은

> **정상 과학**
> 정상 과학은 토머스 쿤Thomas Kuhn의 저서 《과학 혁명의 구조》에서 나온 용어로서, 당대에 수용되고 있는 과학적 패러다임을 지지하기 위해 수행되는 과학을 말한다.

극히 제한적인 한에서 유용할 것으로 보인다.

그러나 장기적인(우리에게 얼마나 더 시간적 여유가 있을지 장담할 수는 없지만) 안목으로 보면, 복잡하고 위험한 문제들을 해결하기 위해서는 더 치열하게 과학적 지식의 생산 과정에 개입해 과학적 지식의 사회적 속성을 분명하게 드러낼 필요가 있다. 참신한 연결로 생각지 못했던 관계들을 탄생시키고, 외면했던 곳에서 방법을 찾아내는 생태주의적 통찰을 자유롭게 활용할 수 있어야 할 것이다. 또한, 대안적 경제를 통해 자본주의적 시장을 넘어섬으로써 패권을 차지하는 국가가 아닌 복지 지향적인 사회적 국가를 형성하는 동시에 이러한 움직임들 간의 네트워크 활동을 운동의 영역으로 확장시키는 것이 생태주의자들의 과제가 될 것이다.

이러한 주장이 얼마나 설득력이 있는지는 여전히 알 수 없는 문제이다. 다만 생태주의가 하나의 새로운 정상 과학으로서 복잡한 문제들을 해결할 실마리를 제공하며 우리 사회에 자리 잡을 수 있을지는, 생태 사회로의 이행을 추구하는 수많은 사람들이 활발한 지식 생산과 가능한 모든 수단의 동원, 그리고 새롭고 자유로운 상상력을 현실화하려는 도전을 감행할 때 더 명확해질 것으로 보인다.

● 도움받은 자료들

가라타니 고진, 《트랜스크리틱―칸트와 마르크스 넘어서기》, 송태욱 옮김(한길사, 2005)
고병권, 《화폐, 마법의 사중주》(그린비, 2005)
데스몬드 모리스, 《털없는 원숭이―동물학적 인간론》, 김석희 옮김(정신세계사, 1991)
데이비드 페퍼, 《현대환경론―환경 문제에 대한 환경철학적 · 민중론적 이해》, 이명우 외 옮김(한길사, 1997)
도널드 워스터, 《생태학, 그 열림과 닫힘의 역사》, 강헌 · 문순홍 옮김(아카넷, 2002)
레베카 코스타, 《지금, 경계선에서―오래된 믿음에 대한 낯선 통찰》, 장세현 옮김(쌤앤파커스, 2011)
로즈마리 퍼트남 통, 《페미니즘 사상―종합적 접근》, 이소영 옮김(한신문화사, 2000)
머레이 북친, 《사회 생태론의 철학》, 문순홍 옮김(솔, 1997)
문순홍, 《생태학의 담론―담론의 생태학》(솔출판사, 1999)
문순홍, 《생태학의 담론》(아르케, 2006)
문순홍, 《정치 생태학과 녹색국가》(아르케, 2006)
미셸 푸코, 《말과 사물―인문과학의 고고학》, 이광래 옮김(민음사, 1991)
세계환경발전위원회, 《우리 공동의 미래》, 조형준 · 홍성태 옮김(새물결, 1994)
수잔 그리핀, 〈여성과 자연〉, 존 저잔 엮음, 《문명에 반대한다―인간, 생태, 지구를 생각하는 세계 지성 55인의 반성과 통찰》, 정승현 · 김상우 옮김(와이즈북, 2009)
아모스 H. 홀리, 《인간 생태학―지역공동체이론》, 홍동식 · 강대기 · 민경희 옮김(일지사, 1995)
알랭 리피에츠, 《녹색 희망―아직도 생태주의자가 되길 주저하는 좌파 친구들에게》, 박지현 · 허남혁 옮김(이후, 2002)
앤드루 돕슨, 《녹색정치사상》, 정용화 옮김(민음사, 1993)
어니스트 칼렌바크, 《에코토피아》, 김석희 옮김(정신세계사, 1991)
에드워드 윌슨, 《통섭―지식의 대통합》, 최재천 · 장대익 옮김(사이언스 북스, 2006)
이상헌, 《세상을 움직이는 물―물의 정치와 정치 생태학》(이매진, 2003)
제임스 오코너, 〈국가적 상호의존성과 생태학적 사회주의〉, 위르겐 쿠친스키 · 임마누엘 월러스타인 외, 《전환기의 마르크스주의》(공동체, 1991)
존 드라이제크, 《지구환경정치학 담론》, 정승진 옮김(에코 리브르, 2005)
캐롤린 머천트, 《래디컬 에콜로지―잿빛 지구에 푸른빛을 찾아주는 방법》, 허남혁 옮김(이후, 2001)
하승우, 《아나키즘》(책세상, 2008)
헨리 데이빗 소로, 《월든》, 강승영 옮김(이레, 2003)
헨리 데이빗 소로, 《소로의 일기 1837~1861》, 윤규상 옮김(도솔, 1997)

Abbey, Edward, *Monkey Wrench Gang*(New York : Avon Books, 1975)
Altvater, Elmar, "The Primacy of Politics in Post-Revolutionary Society", *Review of Radical Political Economy*, 13(1)(1981)
Benton, T., "Marxism and natural limits", *New Left Review*, 178(1989), 51~86쪽
Benton, Ted, "Marxism and Natural Limits : An Ecological Critique and Reconstruction", *New Left Review*, 178(1989),
Bookchin, Murray, *Toward an Ecological Society*(Montréal · Buffalo : Black Rose Books, 1980)
Bookchin, Murray, *The Modern Crisis*, 2nd Ed.(Montréal · Buffalo : Black Rose Books, 1987)
Cronon, William, "The Uses of Environmental History", *Environmental History Review*(1993년 가을), 1~21쪽
Eckersley, Robyn, *Environmentalism and Political Theory : Toward an Ecocentric Approach*(Allbany, NY : State University of New York Press, 1992)
Erlich, Paul, *The Population Bomb*(New York : Ballantine Books, 1970)
Gaard, Greta, *Ecological Politics : Ecofeminists and the Greens*(Philadelphia : Temple University Press, 1998)
Gorz, André, *Capitalism, Socialism, Ecology*, Chris Turner (trans.)(London · New York : Verso, 1994)
Griffin, Susan, *Woman and Nature : The Roaring Inside Her*(NY : Harper & Row, 1978)
Hardin, Garrett, "Tragedy of the Commons", *Science*, 162(1968), 1243~1248쪽
O'Connor, James, "Capitalism, Nature, Socialism", *Capitalism, Nature, Socialism : A Journal of Socialist Ecology* (1)(1988)
Perrow, C., *The Next Catastrophe : Reducing Our Vulnerabilities to Natural, Industrial and Terrorist Disasters*(Princeton · Oxford : Princeton University Press, 2007)
Warren, Karen, "The Power and the Promise of Ecological Feminism", Karen J. Warren (ed.), *Ecological Feminist Philosophies*(Bloomington : Indiana University Press, 1996)
White, Lynn, Jr., "The Historical Roots of our Ecological Crisis", *Science*, 155(1967), 1203~1207쪽

녹색연합 홈페이지 www.greenkorea.org

● 개념의 연표—생태주의

- 127~145 | 프톨레마이오스의 천동설 확립
  모든 천체는 지구의 둘레를 돈다는 천동설이 16세기까지 서구 기독교 사회의 정통성 있는 우주론으로 인정됨

- 1210~1226 | 아시시의 성 프란체스코, 청빈의 수도회 운동 전개
  성 프란체스코가 인간에게 국한된 기독교의 사랑을 자연으로 확대시키고, 동식물들과 대화를 나눈 기적으로 널리 알려짐. 성 프란체스코는 1979년에 교황 요한 바오로 2세에 의해 생태학자들의 수호성인으로 선포됨

- 1543 | 코페르니쿠스, 《천구의 회전에 관하여》 출간
  지구가 태양 주위를 돈다는 지동설로 기존의 우주론에 정면으로 도전

- 1687 | 아이작 뉴턴, 《자연철학의 수학적 원리》 출간
  만유인력과 세 가지 운동 법칙을 입증하고, 기계론적 세계관 및 고전 물리학의 초석을 놓음

- 1762 | 장 자크 루소, 《사회계약론》 출간
  문명화된 사회가 자연 상태보다 우월하다는 편견을 비판

- 1798~1826 | 맬서스, 《인구론》 발표(초판에서 최종 개정증보판인 6판까지)
  인구는 기하급수적으로 증가하나 식량은 산술급수적으로만 증가하기 때문에 빈민을 도와주면 모두가 위험에 처하게 된다고 주장

- 1854 | 헨리 데이비드 소로, 《월든》 출간
  소로가 콩코드 숲 속의 월든 호숫가에서 오두막을 짓고 단순하고 소박하게 살면서 쓴 일기가 인생과 자연에 대한 깊은 성찰을 드러냄

- 1859 | 찰스 다윈, 《종의 기원》 출간
  다른 동물과 마찬가지로 인간도 자연 선택에 의해 존재한다고 주장해 당시의 신학적 패러다임에 도전

- 1867~1894 | 카를 마르크스와 프리드리히 엥겔스, 《자본론》 1~3권 출간
  자본주의 사회에서의 자본 축적, 과잉 생산, 공황, 노동 가치설 등에 대해 종합적으로 분석하고, 인간-자연 소외의 자본주의적 기원에 대해서도 언급함

- 1869 | 에른스트 헤켈, 생태학이라는 용어 창안
  생물과 환경 사이, 그리고 생물과 생물 사이의 관계에 대해 연구하는 학문을 헤켈이 외콜로기Ökologie라고 부름. 이는 집을 뜻하는 그리스어 오이코스Oikos에서 유래함

- 1902 | **표트르 크로포트킨, 《상호부조론》 출간**
  다윈의 적자생존의 논리에 반대하면서 종의 진화에 가장 중요한 요인은 경쟁이 아니라 협동이라고 역설

- 1952 12월 4일~10일 | **런던 스모그 사건 발생**
  런던에서 석탄 연소에 의한 아황산가스가 대기 중에 배출되어 대규모 스모그가 발생. 이로 인해 만성 폐질환과 호흡 장애로 총 1만 2,000여 명이 사망

- 1962 | **레이첼 카슨, 《침묵의 봄》 출간**
  살충제와 제초제의 과도한 사용에 따른 환경적 폐해를 유려한 문장으로 지적함. 이 책은 당시 가장 흔하게 사용되던 살충제 DDT의 금지를 촉발해 환경 운동 분야의 고전이 됨

- 1965 | **일본에서 미나마타병 발생**
  일본 구마모토 시 미나마타 마을에 위치한 신일본 질소 공장 폐수에 함유된 유기 수은이 어류를 매개로 인체에 들어와 사지 마비나 언어 장애, 시력과 청력 상실 등의 피해를 야기함. 이 미나마타병은 이타이이타이병(카드뮴 중독에 의한 공해병)과 더불어 널리 알려진 일본의 공해병이며, 1984년 말까지 2,732명의 환자와 799명의 사망자를 냄

- 1968 | **개릿 하딘, 논문 〈공유지의 비극〉 발표**
  생태 파시즘의 논리적 근거인 구명선 윤리를 제시해 많은 논란을 야기함

- 1972 | **로마 클럽, 《성장의 한계》 출간**
  당대의 엘리트들로 구성된 로마 클럽에서 발주한 프로젝트의 결과물. 자연 자원은 한계가 있는데 인구는 계속 증가하므로 현재와 같은 방식의 성장은 한계에 부딪힌다는 점을 지적. 이러한 견해를 가진 사람들을 신맬서스주의자라 부르기도 함

- 1972 | **제1차 유엔인간환경회의(일명 스톡홀름 회의) 개최**
  전 지구적 차원의 인간 환경 문제를 논의하기 위해 개최된 최초의 유엔 회의로서, 환경 문제를 해결하기 위한 26가지 원칙을 담은 스톡홀름 선언을 채택

- 1978 | **미국 러브 커낼 사고 발생**
  미국 뉴욕 주 나이아가라 폭포 주변 러브 커낼에 묻혀 있던 유독 화학 폐기물(다이옥신, 살충제 등)에 의한 지하수 오염으로 최악의 환경 재난이 발생

- 1979 | **미국 스리마일 섬 핵 발전소 사고**
  미국 펜실베이니아 주 스리마일 섬에 위치한 핵 발전소에서 냉각재 이상에 의한 노심 용융 사고가 발생

- 1984 | 인도 보팔 시 유니온 카바이드 사 유독 가스 누출 사고 참사
    인도 보팔 시에 위치한 유니온 카바이드 사에서 유독 가스인 메틸이소시안산염이 유출되어 보팔 시 빈민가로 퍼져나가 최소 1만 5,000명(시민 단체는 2만 5,000명으로 추산)이 사망한 사상 최악의 산업 재해. 25년 만에 책임자에게 유죄 판결이 났고 배상과 관련한 소송은 아직도 진행 중에 있음.

- 1986 | 구소련 체르노빌 핵 발전소 폭발 사고
    당시까지의 사상 최악의 핵 발전소 사고. 막대한 양의 방사선 물질이 유럽까지 날아감. 이 사고로 전 세계적으로 핵 발전에 대한 우려가 제기되어 신규 핵 발전소 건설이 정체됨

- 1987 | 브룬트란트 위원회, 《우리 공동의 미래》 출간
    노르웨이 환경부 장관을 거쳐 수상에 오른 그로 브룬트란트의 주도하에 구성된 위원회가 보고서를 작성해, 《우리 공동의 미래》로 출간. 여기서 유명한 '지속 가능한 발전'이라는 개념(미래 세대의 필요를 충족시킬 수 있는 가능성을 훼손하지 않는 범위 내에서 현 세대의 필요를 충족시키는 발전)이 정립됨

- 1989 | 액손 발데즈호 기름 유출 사고
    액손 모빌 사 소속 유조선인 액손 발데즈호가 알래스카 인근에서 좌초해 원유가 유출됨. 이로 인해 해양 생태계가 막대하게 파괴되었으며 아직도 완전히 복구되지 않음

- 1992 | 환경 및 개발에 관한 유엔 회의(일명 리우 정상 회의) 개최
    스톡홀름 회의 개최 20주년을 기념하여 브라질 리우데자네이루에서 '환경 및 개발에 관한 유엔 회의(UNCED)가 개최됨. 세계 185개국 정부 대표단과 114개국 정상 및 정부 수반이 참여한 가운데, '리우 선언'과 '의제 21'이 채택되고, '기후변화협약', '생물다양성보존협약' 등이 각각 수십 개국에 의해 별도 서명됨

- 1997 | 교토 의정서 채택
    일본 교토에서 개최된 기후변화협약 제3차 당사국총회에서 OECD 및 경제 이행국들은 2008~2012년 사이에 온실가스를 1990년 대비 평균 5.2퍼센트씩 의무적으로 감축해야 한다는 교토 의정서가 채택됨

- 2005 | 허리케인 카트리나 강타
    지역의 80퍼센트 이상이 해수면보다 낮아 제방으로 둘러싸여 있는 미국 도시 뉴올리언스에서 허리케인 카트리나로 제방이 붕괴되고 주변 지역의 원유 생산 시설이 멈추는 등 막대한 피해가 발생

- 2010 | 미국 멕시코 만 원유 유출 사고
    영국 석유 회사 BP의 유정에서 폭발로 시추 시설이 바다로 가라앉으면서 시추 시설과 유정을 연결하는 파이프에 구멍이 나는 사건 발생. 이 사고로 해저 1.5킬로미터의

유정에서 막대한 양의 원유가 해상으로 쏟아져 나옴. 약 3개월 만에 유정을 봉쇄했지만 해양 생태계는 돌이킬 수 없을 정도로 파괴됨

- 2011 | **일본 후쿠시마 핵 발전소 폭발 및 방사능 유출 사고**

  일본 동북 지역에서 지진과 지진해일이 동시에 발생하면서 그 여파로 후쿠시마 핵 발전소 전력 계통에 문제가 생기고, 결국 수소 폭발과 체르노빌 사고를 넘어서는 핵 발전소 방사능 유출 사고로 이어짐

'비타 악티바'는 '실천하는 삶'이라는 뜻의 라틴어입니다. 사회의 역사와 조응해온 개념의 역사를 살펴봄으로써 우리의 주체적인 삶과 실천의 방향을 모색하고자 합니다.

비타 악티바 24
## 생태주의

초판 1쇄 발행 2011년 8월 15일
초판 4쇄 발행 2024년 6월 14일

지은이 이상헌

펴낸이 김준성
펴낸곳 책세상
등록 1975년 5월 21일 제2017-000226호
주소 서울시 마포구 동교로23길 27, 3층 (03992)
전화 02-704-1251
팩스 02-719-1258
이메일 editor@chaeksesang.com
광고·제휴 문의 creator@chaeksesang.com
홈페이지 chaeksesang.com
페이스북 /chaeksesang  트위터 @chaeksesang
인스타그램 @chaeksesang  네이버포스트 bkworldpub

ISBN 978-89-7013-796-4 04300
       978-89-7013-700-1 (세트)

ⓒ 이상헌, 2011

• 잘못되거나 파손된 책은 구입하신 서점에서 교환해드립니다.
• 책값은 뒤표지에 있습니다.